Una Vida Alterada

Crystal Jones

DEDICACIÓN

En amoroso recuerdo de mi abuela.

Laverne Hamilton gracias por su amor incondicional y aliento interminable.

CAPÍTULOS

ADELANTE

ADELANTE

Como dice el viejo refrán, honestamente puedo decir que no me veo como lo que he pasado. "Pero por la gracia de Dios soy lo que soy; y su gracia no ha sido en vano para conmigo…" (1 Corintios 15:10). Soy mamá para dos maravillosos hijos y una hermosa nuera y Mama Crystal para dos increíbles hijastras y dos adorables nietos. Mi familia ha sido formada, moldeada y unida por la mano de Dios.

No fui la única víctima de las situaciones que me dieron forma. He compartido un par de historias que son más fáciles de contar, y he dado las imposibles para tratar con el Señor. He hecho todo lo posible para ser lo más vagos posible sobre ciertos detalles para proteger a los demás involucrados en este testimonio.

Quiero agradecer al Señor por el don de escribir este libro. También me gustaría expresar mi más sincera gratitud a mi familia y amigos que son mi apoyo e inspiración en cada época de la vida. Mi increíble y amoroso esposo es la respuesta a cada oración que nunca pensé que hiciera, y no podría haberlo hecho sin su tranquilidad.

Cualquier aliento o verdad que pueda obtener de las páginas siguientes puede atribuirse directamente al Señor Jesucristo ya que se han rezado muchas oraciones para que este libro llegue a manos de alguien que necesita escuchar cómo el único Dios verdadero y viviente puede alterar

una vida establecida para la destrucción.

1 INFANCIA

"Antes que te formase en el vientre te conocí, y antes que nacieses te santifiqué, te di por profeta a las naciones." Jeremías 1:5

El siguiente relato de la historia de mi vida es un intento de transmitir el significado y el propósito encontrados a partir de la tragedia y el triunfo que he conocido. La palabra raíz hebrea para altar se eleva. Ahora vivo una vida elevada gracias al Señor Jesucristo que me salvó de mí mismo. Al crecer, Dios no era relevante en mi vida. Aunque al principio, nunca conocí al Señor, es cierto que él me conocía. Recuerdo que en algún momento asistí a un estudio bíblico en la iglesia Grace Baptista cerca de nuestra casa y participé en AWANAS, pero Dios nunca me conmovió. El tiempo que pasé allí fue más una distracción para las duras realidades de mi vida cotidiana. Ahora, sin embargo, puedo proclamar con audacia que sus bendiciones y misericordias son sin arrepentimiento, y que no hay medida de su amor y gracia. Él me salvó por un propósito. Su paz verdaderamente supera nuestra capacidad humana de entender. Él es un Dios asombroso, y Jesús es su nombre. "Jesús le dijo: Yo soy el camino, y la verdad, y la vida; nadie viene al Padre, sino por mí." (San Juan 14:6).

Desde el exterior, parecíamos ser una típica familia de clase media baja. Hubo momentos en que participamos en deportes de equipo, fuimos de vacaciones y durante algunos años pasamos muchos fines de semana en tierras agrícolas a ambos lados de la familia. Debajo de lo visible, sin embargo, había una existencia mucho más siniestra y triste que parecíamos destinados a soportar. Crecí en una modesta casa de estilo rancho de ladrillo de un solo nivel al oeste de Atlanta. Mi hermana y yo, hijos de un padre al que no nos veíamos hasta muy tarde en nuestra adolescencia, tenían casi un año de diferencia. Mi medio hermano era seis años menor que yo. La luz brillante y el faro de esperanza en mi vida era mi abuela. Ella tenía la habilidad irreal de hacer que todo fuera mejor sin importar de qué se tratara. No había ciudadanos de segunda clase en la casa de la abuela. La situación con la familia de mi padrastro era todo lo contrario. Mi hermano era de carne y hueso, y no dudaron en dejar que mi hermana y yo supiéramos que éramos los hijastros. Desde muy temprana edad, sentí que no estaba a la altura, y no había nada que pudiera hacer para cambiarlo.

Como niño, me encantaba leer. Mi autor favorito desde que tenía siete años hasta los quince años cuando dejé de leer, era Stephen King. Esto, junto con las experiencias de mi niñez, sin duda ayudaron a mi oscura personalidad. Leo novela tras novela de estas historias malvadas. Un libro tenía más de dos mil páginas, y lo leí cuando tenía nueve años. Para castigarme como un niño, o llamar mi atención, me quitarían mis libros. Siempre quise ser un empresario de pompas fúnebres. Desde que era joven, tuve una fascinación inusual con la muerte. El mundo perverso en el que me encontré en mi adolescencia fue el resultado directo del material con el que mi mente se ha llenado cuando era niño.

"Los tesoros de maldad no serán de provecho; Mas la justicia libra de muerte." (Proverbios 10:2).

Ahora que soy mayor puedo ver tantas razones posibles para la tortura que soportamos a manos de mi padrastro. Era un veterano, y aunque no estoy seguro de los detalles, hubo algún tipo de lesión. Tal vez, sufrió un trastorno de estrés postraumático no diagnosticado, o tal vez había sufrido a manos de su padre, o tal vez estaba loco. Una cosa es cierta, el espíritu que lo controlaba y reinaba en nuestro hogar no era del Señor. No hubo paz allí. Vivíamos con miedo, caminamos sobre cascarones de huevo y pasamos la mayor parte de nuestra niñez pensando en formas de matar o alejarnos de él. A menudo pensábamos envenenarlo, pero nunca parecía tener el coraje de seguir adelante con él. No pudimos entender por qué nuestra mamá se sometió a nosotros o a nosotros a la vida con él. Él salió una tarde para ayudarnos a practicar el softball después de que ella la obligara a involucrarse con la familia. Ninguno de nosotros estaba contento con la idea de pasar tiempo juntos, pero de alguna manera mi mamá pensó que era lo que necesitábamos. Él no era un hombre pequeño. Él alineó a mi hermana y a mí contra la pared de ladrillo en la parte posterior de nuestra casa y comenzó a arrojar pelotas de béisbol en nosotros. A medida que el llanto y la protesta se hicieron más fuertes, mi madre salió a defendernos, pero se le informó que había pedido esto. Él nos estaba enseñando a no tener tanto miedo a la pelota.

Podríamos atraparlo o aprender a sufrir las consecuencias. Le suplicamos que se fuera o nos dejara ir, pero nuestros gritos cayeron sobre oídos sordos y derrotados.

Disfrutó castigándonos mentalmente casi más que físicamente. Era muy sádico y calculaba en sus esfuerzos por hacernos sentir incómodos, temerosos y desconsolados. Una vez nos dijo durante semanas que íbamos a disfrutar de unas agradables vacaciones familiares en la playa. Nos promocionó a todos sobre el tiempo feliz que tendríamos y fue muy agradable para todos. El día en que nos íbamos, nos hizo empacar nuestras cosas y cargar el automóvil mientras él estaba sentado en su sillón reclinable, pretendiendo prepararse. Nos dijo a todos que fuésemos a subir al coche mientras él agarraba algunas cosas más y nos iríamos. Después de varios minutos de espera, mi madre salió para ver qué era el atraco. Podíamos

verlos discutiendo desde la ventana de la sala de estar y el

temor comenzó a asentarse. Visiblemente enojado y con la cara

llena de lágrimas, mi madre vino al automóvil para informarnos

que no habría vacaciones y que deberíamos entrar. Si alguna

vez tres niños le suplicaban que lo dejara; lloramos y suplicamos

que nos lleve sin él. Cuando llegamos a la casa derrotados,

enojados y confundidos, nos hizo saber que nunca se iría de

vacaciones con nosotros. Estábamos sucios para él. Nos hizo

vaciar el automóvil y desempacar todo ese mismo día.

Disfrutaba ver nuestra miseria desde su sillón reclinable

mientras trabajábamos para limpiar cualquier recordatorio de

unas vacaciones que nunca se suponía que fueran. Cada vez que

lograba irse, siempre terminaba regresando.

En general, no fue la infancia más terrible.

Tuvimos algunos buenos momentos rociados con los malos. Mi

abuela y mi abuelo nos llevaron a nuestros primos y a nosotros

en muchas aventuras maravillosas, e incluso pasamos buenos

ratos en la tierra familiar de mi padrastro en el norte de

Georgia. Montamos a caballo, jugamos en el lado de la

montaña, y tuvimos algunas experiencias maravillosas yendo en los paseos de carro. Mi madre hizo lo que pudo, a pesar de su angustia, para hacernos sentir amados y felices como niños. Nuestra escuela primaria no estaba lejos de nuestra casa. A menudo íbamos a la escuela para jugar en el patio de juegos y disfrutar de un poco de tiempo libre. Una tarde nuestra mamá fue con nosotros a la escuela. Ella nos enseñó cómo construir fuertes y fingir casas con la paja de pino en el patio de la escuela. Fue una tarde agradable. Nos reímos y disfrutamos el uno del otro. Fuimos transportados a otro mundo ese día donde no había cuidado en nuestras vidas más allá del aquí y ahora.

Mis abuelos, tías e incluso un maestro de escuela intentaron intervenir, pero fue en vano hasta que un año, cuando yo tenía unos quince años, ella tuvo suficiente y lo dejó por última vez. Finalmente fuimos libres, y una nueva realidad comenzó a existir. Mi madre se liberó de la tortura y el caos en los que su vida había estado durante los últimos años y decidió vivir como si no hubiera un mañana. Ella comenzó a beber, a festejar y pronto trajo a casa hombres que parecían más cercanos a mi edad que los de ella. Vivíamos en un pequeño dúplex a solo unas calles de la casa en la que había vivido la mayor parte de mi vida. El dúplex contiguo al nuestro estaba vacío y mi hermana y yo, también salvajes y libres, lo usamos principalmente para una fiesta. Tuvimos amigos y muchachos todo el tiempo bebiendo y consumiendo drogas. Conseguí mi primer trabajo en esta época en un restaurante local de comida rápida para ayudar a mi mamá con las facturas interminables que se acumulaban cada mes y para tener dinero para apoyar mis hábitos recién descubiertos. No mucho después de esto, cuando el proceso de divorcio terminó, mi madre se quedó con la casa en la que crecimos, y nos encontramos de nuevo en esa calle sombría que siempre había significado un desastre para nuestra familia. Varias veces en los años que siguieron, mientras la vida seguía su curso, mi hermana y yo terminaríamos volviendo a vivir con nuestra madre en esta casa por períodos cortos. Mientras mi mamá se hundía más profundamente en un estilo de vida alocado, mi hermana y yo a los quince y dieciséis años, decidimos que estábamos listos para vivir por nuestra cuenta. Alquilamos un tráiler de la tía de mi padrastro en la ciudad vecina y nos

mudamos allí.

Mi hermana había forjado su propio camino en

la vida por muchos años. Siempre envidié su independencia y lo

que percibí como su capacidad para superar nuestra situación.

Mi hermano se fue a vivir con su papá al norte de Georgia. Era

un jugador de fútbol fenomenal y parecía tener un futuro

brillante. Pero, cuanto más visitaba la casa de mi madre y

comenzaba a divertirse, más comenzó a caerse. Para cuando

tenía poco más de veinte años, había entrado y salido de la

cárcel varias veces, y su adicción a las drogas alimentó sus

diagnósticos de esquizofrenia. Tristemente, hasta el día de hoy,

él no está en su sano juicio y necesita un milagro de Dios.

La mamá de mi padre biológico, Maw Maw,

siempre vino a visitar a mi hermana y a mí en nuestros

cumpleaños y Navidad. Nuestra madre nunca nos permitiría ir y

quedarnos con ella sin importar cuánto rogara. Cuando

adolescentes, finalmente fuimos a visitar la casa de Maw Maw y

conocimos a nuestro verdadero papá por primera vez. La

primera noche que lo conocimos nos llevó a una fiesta con sus amigos, y todos nos emborrachamos. Por lo tanto, parecía no ser muy diferente a nuestra madre hasta años después, cuando limpió y desde entonces ha sido el mejor papá y abuelo que sabe ser.

Ahora vivo por mi cuenta comencé a meterme en drogas más fuertes que la marihuana y el alcohol que todos habíamos compartido en el antiguo dúplex de mi madre. El ácido, la metanfetamina y la cocaína pronto alimentaron mi día. Asistí a todos los conciertos de metal y banda alternativa en los que podía incursionar y me encontraba enterrado en el mundo del rock and roll. Solía traer drogas y alcohol a la escuela sin poder pasar el día sin ellos. Apenas capaz de mantener la fachada de la normalidad, salí de la escuela secundaria por la piel de mis dientes. La secundaria ahora es más bien borrosa para mí. En mi primer y segundo año todavía estaba tratando de mantener la imagen de una persona normal y estaba sacando buenas notas en la mayoría de las clases de AP, pero cuando llegaron los años junior y senior, el estilo de vida de mi fiesta me había alcanzado, y estaba en una pendiente cuesta abajo que duraría por los próximos años. Mientras vivía con mi hermana en el tráiler y trabajando en Burger King, conocí a mi primer

esposo y padre con mis dos hijos. La nuestra era una relación

volátil por decir lo menos.

2 MI PRIMER ENCUENTRO CON JESÚS

"Y todo aquel que invocare el nombre del Señor, será salvo." (Hechos 2:21)

Después de la graduación, mi prometido y yo

decidimos que sería una gran idea mudarnos a Florida con mi

papá. Estábamos luchando para llegar a fin de mes y queríamos

un nuevo comienzo. Junto con una montaña de facturas

impagas, también dejamos la mayoría de nuestras cosas en

Georgia. Tristemente, un movimiento rápido y dejar atrás

nuestras cantidades minúsculas de posesiones materiales se

convertiría en la norma para nuestras vidas en los próximos

años. Nunca viví en el mismo lugar por más de un año a la vez

hasta que estaba en la treintena. Al principio lo hicimos bien en

Florida. Con la ayuda de mi padre, pudimos conseguir un

automóvil y finalmente un apartamento. Éramos muy jóvenes e

inmaduros. Ninguno de nosotros se dio cuenta de que los

trabajos estacionales terminan cuando termina la temporada

turística. Pronto nos encontramos en la misma situación en que

estábamos en casa. No teníamos dinero y no podíamos pagar el

alquiler. Perdimos nuestro apartamento y dormimos en el

Mustang por un tiempo hasta que perdimos eso. Nuestros

viejos vecinos nos dejaron en la terminal de autobuses local

donde acampamos con muchas otras personas sin hogar en la

ciudad. A menudo caminamos por millas alrededor de la ciudad

para buscar trabajo. Algunas veces pudo conseguir trabajo en la

instalación de trabajo diurno. Una tarde hablamos con un

dueño de un hotel cercano para que nos permitiera hacer

algunas tareas extrañas para ella. Ella nos pagó en efectivo al

final del día. Mientras caminaba de regreso a la terminal de

autobuses, nos detuvimos en Burger King y compramos los dos

para el especial Whopper de cuatro dólares. Recuerdo que esas

eran las mejores hamburguesas de sabor que jamás había

tenido. Dos adolescentes sin hogar chocando con amigos o

durmiendo en la estación de autobuses, estábamos perdidos y sin esperanza. Para mí, esta era una posición familiar en la que estar, pero parecía alimentar un fuego interno en mi prometido que lo llevó a hacer algo que me tomó totalmente por sorpresa. Después de buscar en la guía telefónica y hacer una llamada, caminamos algunas millas hasta una iglesia local para buscar ayuda. Nunca habíamos discutido sobre religión; Supongo que porque no tenía ninguno y él no estaba practicando. Sabía que su familia asistía a la iglesia, pero nunca había pensado mucho en ello.

Mientras caminábamos, él me decía que era una iglesia pentecostal, lo que no significaba nada para mí, y que probablemente vería algunas cosas aterradoras cuando llegase allí. No entendí lo que estaba diciendo, pero qué opción tenía. Estaba casi oscuro cuando nos acercamos a la iglesia. Podía escuchar la música antes de que realmente pudiera ver el edificio. Era una iglesia pequeña, y cuando entramos, había gente parada, aplaudiendo, llorando, bailando, gritando. ¿Qué demonios estaba mal con esta gente? Poco después de llegar allí, la música cesó y el predicador se levantó para hablar. No entendí una palabra de lo que dijo, pero a la gente pareció

gustarle. Después de concluido el servicio, el predicador pidió a

las personas que subieran al altar para orar, y recuerdo que

cerré los ojos y esperaba que nadie me hablara. Este hombre

nos invitó a su casa de al lado para discutir nuestra situación. La

casa olía muy bien. Había dos grandes sillones reclinables en el

medio de la habitación y sofás contra la pared. Su esposa se

apresuró a conseguir bebidas y bocadillos, y pensé que era una

persona genuina y agradable. Me quedé callado porque estaba

totalmente fuera de mi elemento. El predicador no podía

dejarnos estar con él o en la iglesia porque no estábamos

casados, pero tenía un viejo remolque en la parte posterior de

la propiedad que estaba siendo transportado en pocos días, y

aceptó que nos quedáramos allí. hasta que fue tomado. Nos

llevó de vuelta a la iglesia donde encontró una caja de barras de

granola de mantequilla de maní para darnos. El tráiler no tenía

electricidad ni agua corriente, pero dormí lo mejor que había

dormido en semanas. Cuando duerme afuera, debe mantener

un ojo abierto para asegurarse de que está protegido, pero, en

ese remolque, con un estómago lleno de barras de granola, me sentí seguro y lleno de esperanza por primera vez desde que

perdimos nuestro apartamento.

Los días pasados en el tráiler pasaron

demasiado rápido. Cuando regresamos a la parada del autobús,

decidí que no podría soportarlo más. Utilicé el teléfono público

para hacer una llamada por cobrar a mi abuela y supliqué la

oportunidad de regresar a casa. Algún tiempo después,

escucharía una historia bíblica sobre un joven que se fue de su

casa y se metió en un mal camino y pronto se dio cuenta de que

incluso la persona menos en la casa de su padre estaba mejor

que él; Entonces, regresó a casa con la esperanza de que su

padre lo dejara vivir con los más humildes de la casa. ""Y

cuando volvió en sí, dijo: ¡Cuántos jornaleros de mis padres

tienen pan suficiente y sobra, y perezco de hambre! Me

levantaré e iré a mi padre, y le diré: Padre, he pecado contra el

cielo y contra ti. Ya no soy digno de ser llamado tu hijo; hazme

como a uno de tus jornaleros." (San Lucas 15:17-19).

En el camino de regreso a Atlanta en el autobús

de Greyhound, hice todas las preguntas que podía pensar

acerca de la iglesia, el predicador y la religión que acababa de encontrar. El capítulo 2 de Hechos fue el principal punto de referencia que recibí. Planeamos comenzar a asistir a la iglesia de su familia cuando llegamos a casa y vivimos un tipo diferente de vida. Dentro de los primeros meses de nuestro regreso a Georgia, nos convertimos en miembros regulares de la pequeña congregación. Pronto me bauticé en el nombre de Jesús y salí del agua hablando en lenguas desconocidas. "Pedro les dijo: Arrepentíos, y bautícese cada uno de vosotros en el nombre de Jesucristo para perdón de los pecados; y recibiréis el don del Espíritu Santo." (Hechos 2:38). Inmediatamente me enamoré de la religión. Quería aprender todo lo que pudiera. Ambos empezamos a trabajar y a ofrecernos como voluntarios en cualquier parte que nos permitieran. En diciembre de ese año, nos casamos y descubrimos que nuestro primer hijo estaba en camino. Tenía dieciocho años cuando nació.

A lo largo de los años he encontrado a muchas personas que consideran que la religión apostólica pentecostal es tediosa y restrictiva. Para mí, fue un soplo de aire fresco. Me encantó el blanco y negro de eso. La Biblia lo dice, y creemos y lo vivimos. Escuché a un predicador decir una vez que Dios está más interesado en nuestra santidad que en nuestra felicidad.

"Por tanto, ceñid los lomos de vuestro entendimiento, sed

sobrios, y esperad por completo en la gracia que se os traerá

cuando Jesucristo sea manifestado; como hijos obedientes, no

os conforméis a los deseos que antes teníais estando en vuestra

ignorancia; sino, como aquel que os llamó es santo, sed también

vosotros santos en toda vuestra manera de vivir; porque escrito

está: Sed santos, porque yo soy santo." (1 Pedro 1: 13-16). La

santidad era muy diferente y refrescante en comparación con el

caos de mi infancia. Mi familia no era religiosa en absoluto y la

pasé mal con la forma en que elegí vestirme y vivir. "Asimismo

que las mujeres se atavíen de ropa decorosa, con pudor y

modestia; no con peinado ostentoso, ni oro, ni perlas, ni

vestidos costosos." (1 Timoteo 2:9). Me acusaron de unirme a

un culto y me preocupaba que me hubieran lavado el cerebro.

Sin embargo, no podía mirar hacia atrás.

Estaba decidido a ser el mejor cristiano, esposa

y madre posible. Quería tanto tener un ministerio como las

otras damas en la iglesia. Pasé tiempo con ellos aprendiendo

acerca de la oración y ser un testigo. Tuvimos varias reuniones de oración durante toda la noche donde aprendí a orar y buscar

a Dios. Mi dulce Maw Maw, al ver que no me habían enseñado

mucho sobre cómo cocinar de niño, vino a mi casa por varias

semanas y me enseñó a cocinar. Ella fue muy paciente conmigo.

Leería más tarde que la Biblia advierte a las mujeres mayores

que enseñen a los más jóvenes. "Las ancianas asimismo sean

reverentes en su porte; no calumniadoras, no esclavas del vino,

maestras del bien; que enseñen a las mujeres jóvenes a amar a

sus maridos y a sus hijos, a ser prudentes, castas, cuidadosas de

su casa, buenas, sujetas a sus maridos, para que la palabra de

Dios no sea blasfemada." (Tito 2:3-5). Más adelante en la vida,

cuando me convertí en madrastra de una hermosa hija

adolescente, traté de aplicarles estas mismas lecciones a ella y a

sus amigos.

Un evangelista visitante predicó que todos en el

cuerpo de Cristo tienen un ministerio. Él proclamó que todos

tenemos un trabajo específico que hacer. Continuó diciendo

que Dios nos ha dado a todos de manera única para cumplir un

cierto trabajo en la iglesia. "Porque de la manera que en un

cuerpo tenemos muchos miembros, pero no todos los

miembros tienen la misma función, así nosotros, siendo

muchos, somos un cuerpo en Cristo, y todos miembros los unos

de los otras." (Romanos 13:4-5). No podía imaginar cuáles eran

mis dones y mis dones. Realmente luché con el lugar donde

encajaba. Luego, el evangelista nos encargó que encontráramos

nuestro propósito comenzando con la oración y buscando a

Dios para que nos guiara. Incapaz de cantar o hablar en público,

decidí que la oración podría ser mi ministerio. Me encantó la

idea de trabajar detrás de escena. Una tarde, después de echar

a mi bebé a dormir la siesta, entré en mi habitación y me puse

de rodillas. Fue difícil concentrarse. Traté de concentrarme en

profundizar en la oración. Nunca había hablado en lenguas

fuera de la iglesia, pero sabía que la oración de intercesión

requería una verdadera visita y obra del Espíritu. "Porque el que

habla en lenguas no habla a los hombres, sino a Dios; pues

nadie le entiende, aunque por el Espíritu habla misterios." (1

Corintios 14:2). Tan ridículo como parecía, seguí hablando con

Dios. Tuve que volver a enfocarme y ser consciente de mis

pensamientos, pero milagrosamente, cuanto más presioné, más

comenzó a fluir el Espíritu. Fue increíble. Estaba tan feliz en mi nuevo lugar en el cuerpo. Yo podría y oraría. Le pedí al Señor

que me enseñara a orar y pronto descubriría que los discípulos

le habían pedido lo mismo. "Vosotros, pues, oraréis así: Padre

nuestro que estás en los cielos, santificado sea tu nombre.

Venga tu reino. Hágase tu voluntad, como en el cielo, así

también en la tierra. El pan nuestro de cada día, dánoslo hoy. Y

perdónanos nuestras deudas, como también nosotros

perdonamos a nuestros deudores. Y no nos metas en tentación,

más líbranos del mal; porque tuyo es el reino, y el poder, y la

gloria, por todos los siglos. Amén." (San Mateo 6:9-13).

Me ocupé del trabajo de la iglesia y traté de no

prestar atención a mi fracaso matrimonial y al estrés de ser una

madre joven. Estaba enamorado de la religión y la oración, pero

descuidé la palabra de Dios. Esto resultaría catastrófico en los

años tumultuosos que siguieron. El único conocimiento que

tenía de la palabra provenía de los servicios atendidos o las

conversaciones con miembros de la iglesia. Nunca se me ocurrió

buscar la Biblia, el mismo libro por el que profesaba vivir y

leerlo por mí mismo.

Cuando llegó nuestro segundo hijo, su lucha no tuvo fin. Parecía que el enemigo lo había marcado para la destrucción incluso antes de que respirara por primera vez. Ahora sé que todo lo que hemos pasado con él se debió a la gran unción y al llamado a su vida. Tuve un embarazo muy difícil y una cesárea planificada. El bebé tuvo una infección y nos trasladaron a la sala de niños del hospital, donde recibió varias inyecciones diarias en su diminuto cuerpo. Tenía cólicos y era un bebé extremadamente quisquilloso. Era casi imposible calmarlo.

Una tarde había estado llorando sin parar durante horas cuando llamé a la puerta. Mi vecina de al lado, una anciana, me gritó tan pronto como abrí la puerta. Ella dijo: "¿No puedes cerrar a ese bebé?" Estaba furioso y agotado. Obviamente, si pudiera haberlo hecho dejar de llorar, lo hubiera hecho hace mucho tiempo. Lo perdí en ese momento y colgué al bebé en sus brazos. Cerré la puerta y le grité: "¡Si crees que puedes hacerlo mejor, adelante!" Respiré hondo y volví a abrir la puerta para ver a esta pobre mujer de cara blanca, en estado de shock total, con mi bebé gritando en sus garras. Solo la miré y le dije, dame mi bebé y le cerré la puerta en la cara.

Lamentablemente, nunca hablamos mucho con nuestro vecino

después de eso.

Cuando tenía tres meses, descubrieron que un

lado de su cuerpo estaba creciendo más rápido que el otro y nos

enviaron al hospital para realizar más pruebas. Ya estaban

especulando que tendría una cojera permanente o

posiblemente necesitaría usar aparatos ortopédicos para

caminar. Mientras esperaba en el vestíbulo a que me

devolvieran a mi bebé, una anciana estaba barajando las fichas

en sus manos y hablando en voz baja para sí misma. Debo haber

estado tan aterrorizado como me sentí porque ella se acercó a

mí y me preguntó si estaba bien. Le informé de las noticias que

acababa de recibir, y ella solo sonrió y me dijo que no me

preocupara. Ella me preguntó su nombre, y al escucharlo, su

sonrisa se hizo aún más grande. Ella me preguntó si sabía sobre

la historia de Jacob en la Biblia. Ella me dijo que él era un

hombre marcado desde el útero, caminaba cojeando y conocía

las dificultades, pero eso no impidió que Dios trabajara a través

de él.

Cada seis meses desde ese día hasta los diecisiete años tuve que llevar a nuestro hijo a ultrasonidos abdominales porque se sabía que su condición causaba tumores que pueden estar asociados con cierto tipo de cáncer. Pero, Dios fue misericordioso, y nunca tuvo ninguno. Él tuvo una diferencia notable en la longitud de sus dos piernas cuando era bebé. Mi miedo y preocupación por él cuando era niño se convirtió en alegría para él cuando era niño y adolescente. Él tiene un maravilloso sentido del humor. Él ama y camina detrás del Señor con una integridad mucho más allá de sus años.

Algunas cosas maravillosas que sucedieron durante nuestros años en la iglesia. Me entregué a la oración de intercesión, al ministerio de los perdidos y al ministerio de los niños. Vimos a nuestro hijo menor recibir un milagro físico, y mi padrastro y mi hermano vinieron a un servicio de avivamiento y recibieron el don del Espíritu Santo con la evidencia de hablar en lenguas. "Porque en lengua de tartamudos, y en extraña lengua hablará a este pueblo." (Isaías 28:11). Estos eventos me ayudaron a decidir perdonar y amar a mi madre. No podía guardar rencor contra ella cuando había visto el perdón y el amor de Dios de primera mano. Hubo tantos otros encuentros poderosos con el Señor que posiblemente no puedo nombrarlos ni siquiera recordarlos a todos.

Cada vez que ingresábamos a las puertas de la iglesia, asistíamos a eventos, entreteníamos o teníamos compañerismo con nuestra familia de la iglesia, las máscaras continuaban. Satanás, el enemigo de nuestras almas, es un mentiroso. Si no puede lograr que alguien niegue su cristianismo, está feliz de que se hagan pasar por él. He aprendido que es más que un amor a la religión ser un verdadero cristiano. Uno debe tener una relación y caminar diariamente con Jesús para poder hacerlo. El estrés de la vida y nuestra incapacidad de entregarnos por completo al Señor estaban destruyendo nuestra resolución de hacerlo en familia. Reincidir, o alejarse del Señor, no es algo que le pase a nadie de la noche a la mañana. A veces lo ves suceder, pero te sientes impotente para detenerlo porque no quieres renunciar al pecado que has permitido entrar a tu vida. "Tu maldad te castigará, y tus rebeldías te condenarán; sabe, pues, y ve cuán malo y amargo es el haber dejado tú a Jehová tu Dios, y faltar mi temor en ti, dice el Señor, Jehová de los ejércitos." (Jeremías 2:19). Tal fue el caso en mi situación. Lentamente, un compromiso tras otro, me encontré sin una iglesia, una religión y aparentemente un Señor; aunque, él siempre estuvo allí. Después de ocho años de matrimonio y verdaderamente tratando de hacer que funcione para nuestros niños, decidimos divorciarnos.

Una de mis primeras acciones después del divorcio fue cortarme el pelo. Mi cabello no había sido cortado durante los últimos ocho años, de acuerdo con los estándares bíblicos sobre santidad y otros principios que se enseñan en 1 Corintios capítulo 11. Fue un signo de rebelión y una forma de mostrarle al Señor que estaba solo. Hasta el día de hoy, sigue siendo uno de mis remordimientos más profundos porque a una mujer le dan el pelo para cubrirse. Esta cobertura es algo que podría haber usado en los años oscuros que se avecinaban. "Pero el contrario, a la mujer dejarse crecer el cabello le es honroso; porque en lugar de velo le es dado el cabello." (1 Corintios 11:15).

3 LA CAÍDA

"El camino de los rectos es apartarse del mal; el que guarda su camino guarda su alma". El orgullo va antes de la destrucción, y el espíritu altivo antes de la caída "(Proverbios 6: 17-18)

Después de ser principalmente un ama de casa durante los últimos ocho años, me resultó casi imposible llegar a fin de mes como madre soltera con dos niños pequeños. Sin la ayuda constante de mi familia, no habríamos comido ni habríamos tenido un lugar donde dormir la mayor parte del tiempo. Conseguí un trabajo en una parada de camiones local en el turno de noche para poder llevar a mis hijos a la escuela durante el día. Antes de que mi divorcio fuera definitivo, comencé a salir con un joven que también trabajaba allí. Mi hermana y yo decidimos que la única forma en que podríamos avanzar en la vida era ir a la universidad. Entonces, nos inscribimos juntos. Trabajaba a tiempo completo, asistía a la escuela a tiempo completo, criaba a dos niños y luchaba por sobrevivir mientras no tenía dos centavos para frotar. Nunca se me había ocurrido en todo este tiempo invocar al Señor que una vez amé tan querido. Sentí que, debido a que me alejé de él, no merecía su ayuda y lo aparté de mi mente. "Porque los que aborrecían el conocimiento y no escogían el temor de Jehová, ninguno de mi consejo quiso; menospreciaron toda mi reprensión. Por lo tanto, comerán del fruto de su propio camino y se llenarán de sus propios recursos "(Proverbios 1: 29-31).

El joven con el que salía me había pedido ayuda con una situación personal que estaba teniendo con respecto a su elegibilidad para vivir y trabajar en el país. Tenía poco respeto por el matrimonio en ese momento, así que acepté su propuesta con la condición de que mi familia y especialmente mis hijos no pudieran averiguarlo. Apenas salido de mi primer matrimonio entré en mi segundo con los ojos bien abiertos y el corazón completamente cerrado. Pudimos mantener la fachada de solo salir durante varios meses ya que estaba ocupado con su trabajo y su familia y estaba más que ocupado con todo lo que estaba tratando de hacer. Cuando llegó el momento de solicitar un estado actualizado, la farsa tuvo que terminar, y

tuvimos que comenzar a ser y vivir como una pareja casada.

Hay ciertos momentos en la vida de todos; momentos que puede mirar hacia atrás y decir que fue una encrucijada definitiva. Para mí y mis hijos, este fue el comienzo del fin. Mis hijos estaban lidiando con el divorcio y el traslado de su padre a otro estado lo mejor que pudieron. Estuve ausente la mayor parte del tiempo trabajando, en la escuela o estudiando. Incluso cuando estaba allí, mi mente por lo general no lo era. Pero, vivimos con mi abuela y ella lo hizo bien para ellos. Se tomó un tiempo con ellos y los amó de vuelta a la felicidad y luego los arranqué de su casa y los hizo vivir con un hombre que apenas conocían. Creo que el cambio fue casi tan duro para ellos como lo fue el divorcio. La familia de mi nuevo esposo apenas hablaba inglés, y nuestro matrimonio fue un desafío, por decir lo menos. Intentamos ser cordiales y complacientes el uno con el otro, pero ninguno de nosotros estaba feliz. Mi exmarido y yo habíamos acordado que los niños vendrían a quedarse con él y su nueva esposa durante las vacaciones de verano. Creo que estos fueron los tiempos más felices para todos nosotros.

No tuve que lidiar con la decepción y la tristeza de mis hijos todos los días, y tuvieron que escapar durante unos meses.

Al no poder vivir en el sótano de la casa de su familia, me mudé a un departamento a una hora de distancia. Todavía estábamos casados, pero felizmente ya no vivíamos juntos. Una vez que resolvió su situación, decidimos que realmente no queríamos casarnos y me divorcié por segunda vez antes de cumplir los treinta. La vida fue difícil. No podía hacer malabares con el trabajo, la escuela y la maternidad, así que abandoné la universidad.

Si me mantenía ocupado, lo cual no fue difícil durante el día, podía ignorar la culpa y el disgusto que sentía por mí mismo. Pero, cuando cayó la noche, y los niños estaban durmiendo, me dejaron solo, y eso resultó ser desastroso para mí. Odiaba estar solo porque no quería pensar ni sentir. Me odiaba a mí mismo y apenas podía ignorar la persistente sensación de que había renunciado demasiado pronto al Señor. Intenté bloquear cualquier intento de alcanzarme. Empecé a beber y salir. No pasó mucho tiempo antes de que volviera a tomar drogas para adormecer el dolor.

Por un tiempo, pude mantener cierta apariencia de normalidad por el bien de mis hijos, pero no pasó mucho tiempo antes de que se saliera la máscara. Desarrollé un miedo profundo de estar solo en casa. El miedo era tan grande que muchas noches dormía en la sala de estar porque tenía demasiado miedo para acostarme en otra habitación. No pude dormir y me quedé despierto la mayor parte de la noche aterrorizado. Solía poner sillas y otras barreras frente a nuestras puertas para aliviar mi miedo. Para evitar estar solo, comencé a salir con hombres al azar. Tendría hombres y, a veces, perfectos extraños que conocí en línea en mi apartamento después de que los niños estaban profundamente dormidos. El peligro de lo que estaba haciendo nunca se me pasó por la cabeza. Simplemente no quería estar a solas conmigo.

La mayoría de las chicas jóvenes sueñan con enamorarse del príncipe azul y ser llevadas a una vida perfecta después de un día de boda perfecto. Eso nunca fue un sueño mío. Esas no eran las historias que estaba leyendo cuando era niño. Tristemente, mi primer encuentro con el sexo opuesto ocurrió cuando era una adolescente cuando estaba totalmente borracho. Intenté ser una buena esposa para mi primer marido,

pero después de eso, no tenía respeto por mi cuerpo ni por los

que invité a usarlo. Aprendería más tarde las duras

consecuencias de los pecados inmorales. "Huye de la

fornicación". Todo pecado que un hombre hace es sin el cuerpo;

pero el que practica la fornicación, peca contra su propio

cuerpo "(1 Corintios 6:18). En alguna parte, durante todas mis

indiscreciones, dejé que un joven viniera a vivir con nosotros.

Apenas lo conocí. Una vez más, una elección que tuvo

consecuencias nefastas para mí y los niños. Al principio, él fue lo

suficientemente bueno. Siempre tenía un suministro de drogas

y alcohol listo y le gustaba divertirse. Pero, no pasó mucho

tiempo antes de que su naturaleza dañina comenzó a mostrar.

Una noche, mientras me estaba ahogando en el sofá de la sala

de estar, sentí que mi aliento abandonaba mi cuerpo, y miré

hacia las puertas de los dormitorios de mis hijos preguntándoles

cuánto oían y si iban a encontrar a su madre muerta, la mañana

siguiente. Me preguntaba, mientras luchaba por respirar, qué

les pasaría. ¿Vivirían con la abuelita o su papá? ¿Alguna vez me

perdonarían o sabrían cuánto los amaba de verdad? Entonces,

aparentemente sin ninguna razón, dejó de asfixiarme, se levantó y se fue a la cama. Continuamos viviendo con él algunos meses más después de eso.

Pasé de una mala relación a otra, por lo general, aterrizando en la casa de la abuelita entre ellos. Los niños estaban creciendo y yo estaba ciego a lo que mi estilo de vida les estaba haciendo. No pude ver más allá de mi propio dolor para comenzar a ocuparme de los suyos. Estaba en autodestrucción, y parecía que no había vuelta atrás.

4. LOS AÑOS OSCUROS

"Entonces va, y toma consigo otros siete espíritus más malvados que él, y entran y habitan allí; y el último estado del hombre es peor que el primero". Así será también para esta generación perversa "(Mateo 12:45)

A lo largo de los años me han preguntado por qué las mujeres permanecen en relaciones abusivas. Ministrando en la cárcel del condado años después discutimos este tema varias veces mientras compartía mi testimonio. Los humanos tienden a ser criaturas de hábito. Los hábitos pueden ser buenos o malos, pero como personas tendemos a seguir con lo que nos resulta familiar. He estado tratando con hombres abusivos desde la infancia. Es una situación terrible en la que estar, pero con la que sabía vivir. Existe una clara falta de autoestima que te paralice para quedarte. Sientes que de alguna manera justificaste el abuso o que, por tu propia desgracia, no puedes

escapar de él. A veces creemos que nuestro amor puede

cambiar a la persona que dice amarnos. No soy un físico, así que

solo puedo hablar sobre mi situación y las razones que me han

dado las mujeres maltratadas con las que me he encontrado a

lo largo de los años. En los siguientes años, cada relación

empeoró cada vez más hasta que no tuve ganas de vivir. Una

vez conocí a un hombre en una sala de chat en línea que quería

conectar conmigo muy tarde en la noche. Llamé a mi prima y le

pedí que cuidara para contarle una mentira u otra. Desperté a

mis hijos y los arrastré a su casa. Conduje a Atlanta para

conocer a este extraño. Tuvimos una buena cena, pero cuando

volvimos a su departamento las cosas se salieron de control.

Confirmando a todas las personas que alguna vez dijeron que

no hablen con extraños; Realmente pensé que no saldría vivo

de allí. Cuando finalmente me fui, lloré todo el camino hasta la

casa de mis primos y luego procedí a limpiarme la cara, recoger

a mis hijos e irme a casa para llevarlos a la escuela y ponerme a

trabajar. Después de unos días volví a encontrarme con nuevos

desconocidos.

Tuve toda una vida de práctica usando la máscara de que todo está bien conmigo. La primera vez que me engañó un hombre que amaba fue probablemente cuando perdí la esperanza en el sexo opuesto, y me cansé de la idea misma de las relaciones. Recibí una llamada de una joven con la que trabajaba y me dijo que tenía que decirme la verdad. Recuerdo tan vívidamente caminar detrás de él en el fregadero de la cocina, donde estaba lavando los platos, y transmitiéndole la extraña llamada telefónica. Literalmente podía sentir la exhalación y el cambio en su cuerpo y mi corazón se rompió. Pensé que tenía que estar malinterpretando la situación. No había forma de que alguien a quien amara y en quien confiaba, alguien que conociera mi pasado, me lastimara así. Tuvimos un compromiso para asistir más tarde esa noche, y después de las lágrimas y muchas preguntas sin respuesta, me dijeron que me reponga y superara nuestras obligaciones por la noche. Con un corazón roto y sin esperanza en mi felicidad futura, la nube oscura de la depresión me dominó. Me puse mi máscara y fingí, pero todo era oscuridad por dentro. Unos días más tarde, un grupo de amigos vino a visitarme. Me senté en el piso con mi espalda apoyada en la puerta mientras estaban afuera

golpeando. No podría enfrentarlos a ellos ni a nadie. Me quedé

allí sentado y los escuché tocar y llorar hasta que se fueron. Me

senté en el piso por un largo tiempo después de eso incapaz de

salir de la oscuridad. Desde entonces, no tenía respeto por los

hombres que conocí. No me importaba si estaban casados o no,

y la mayoría de las veces no me importaba siquiera saber sus

nombres.

No era adicto al sexo ni a los hombres, sino a mi

propio aborrecimiento. La gente puede volverse adicta a

cualquier cosa. Por lo tanto, bebí, consumí drogas y salí con

personas al azar para destruir a la persona que más odiaba,

pero que nunca parecía poder escapar; yo. Una vez, conocí a un

hombre en línea con quien conversé durante varios meses. El

hombre era de Pakistán y era musulmán. Hablamos a menudo

de conocernos e incluso habló de matrimonio. Dijo que no

podía casarse con un cristiano, y le aseguré que no era uno.

Eventualmente, pasé a otros hombres y dejé de conversar con

él. Pero, había negado al Señor públicamente y con frecuencia

pensaría en esto más adelante en la vida. Otra vez me encontré con un hombre en línea y me ofreció enviarme dinero. Recibí un giro postal por correo unos días más tarde, y cuando fui a la oficina de correos, con mis hijos a cuestas, para cobrarlo me metí en un gran problema. Los empleados de la oficina de correos llamaron a la policía que me trajo a la estación de policía para interrogarme. El hombre me había enviado un giro bancario que era falso. Me había caído presa de una estafa en Internet. Me siento como un idiota. Mis muchachos seguían preguntando a los policías si me iban a llevar a la cárcel. Me liberaron y me dijeron que no hablara más con hombres que conozco en línea, y especialmente que no aceptara dinero ni que le diera dinero a ninguno de ellos. "El vino es un burlador; La bebida fuerte está encendida; y el que es engañado, no es sabio "(Proverbios 20: 1). Aunque nunca dejé de tener citas en línea, solo hablé con hombres de este país después de eso. Estaba obsesionado con llenar un vacío, que no se iba a llenar con nada más que con Dios, sin importar cuánto lo intentara. Aprendería más tarde que la Biblia habla sobre esto mismo. "Y estáis completos en él, que es la cabeza de todo principado y poder" (Colosenses 2:10).

Solo puedo decir acerca de estos años que siento mucho lo que mis hijos tuvieron que pasar. No puedo recuperarlo. Si pudiera lo haría. Eran tan adorables y tolerantes conmigo. Confiaron en mí para amarlos y cuidarlos, aunque una y otra vez los puse en último lugar. Me había convertido en mi madre. Recuerdo vívidamente a mi hermana y a mí hablando de cómo nunca trataríamos a nuestros hijos de la misma manera en que nos trataron. Que nunca elegiríamos a un hombre por encima de ellos. Por supuesto, no lo vi de esa manera. Los amaba, pero no me quería lo suficiente como para hacer lo mejor para ninguno de nosotros. Mi hijo mayor soportó el peso de mis escapadas. Le dejaron cuidar a su hermano menor muchas veces. Él mismo era un niño, pero realmente se convirtió en el guardián y protector de su hermano. Se puso en peligro para proteger a su hermano, y siempre tomó mi parte de la casa. Estos años realmente hicieron mella en él. Sin embargo, Dios es tan misericordioso, y ahora él es un esposo amoroso y un padre dedicado. No podría estar más orgulloso del hombre en el que se ha convertido.

Años más tarde, cuando visitaba la cárcel local y lloraba con las damas a las que venía para ministrar sobre estas situaciones, veía que muchos de ellas buscaban al Señor en un intento desesperado de perdón por algunos de estos mismos pecados. No lo hace mejor ni le quita el dolor, pero Dios es tan amable de poder usar mis errores para ayudar a alguien a encontrar esperanza en él. Descubriría años después que así es exactamente como Dios trabaja. "Y ellos le han vencido por la sangre del Cordero, y por la palabra de su testimonio; y no amaron sus vidas hasta la muerte "(Apocalipsis 12:11).

Conocí a mi tercer marido durante estos años oscuros. Sabía que él no era un buen tipo desde el principio, pero yo no estaba exactamente en el mercado para ser un buen tipo. Mis hijos estaban en su visita anual de verano a la casa de su padre cuando comenzamos a salir. Regresaron para encontrar a este hombre que vive en nuestra casa. Siempre estuvimos luchando por dinero; principalmente porque era el único que trabajaba, y nos gustaba beber y fumar marihuana mucho. Tuvimos peleas largas, ruidosas y atemorizantes frente a quien tuvo la desgracia de estar en el área. Mis hijos pasaron muchas noches en casa solos mientras yo estaba en la esquina con él. Una noche se presentó una tormenta y un árbol cayó por el techo de nuestro departamento. Mi hijo mayor tuvo que llamarme varias veces antes de que finalmente respondiera. Parecía tan asustado y desesperado al otro lado de la línea. Él contó la historia del árbol que atraviesa y se puso a sí mismo y a su hermano a salvo. Se aseguró de que supiera que todavía llovía la lluvia. Cuando finalmente llegué a casa, le hice prometer que no le diría a nadie que estaban solos en casa cuando sucedió. Mantuve relaciones con otros hombres abiertamente durante los primeros años de nuestra relación, lo que llevó a intensas batallas. No me respeté a mí mismo y no le demostré ningún respeto por él. Nuestra casa estaba llena de una niebla constante de humo y un flujo de personas al azar a todas horas del día y de la noche. Era un lugar miserable para estar. Mi hijo mayor encerraba a su hermanito en su habitación cuando las cosas se ponían feas para tratar de protegerlo de lo que estaba sucediendo. Sé muy bien exactamente cómo se sintieron.

Después de un verano con sus padres, mis hijos llegaron a casa y me pidieron que fuera a su habitación para poder hablar. Lo recuerdo como si fuera ayer. Otro momento que alteró para siempre nuestra trayectoria. Me puse de pie frente a estos jóvenes mientras empezaban a hablar. No podía creer lo crecidos que se veían. ¿A dónde se habían ido mis dulces bebés? ¿Realmente había pasado algo de tiempo tan rápido? El mayor comenzó a explicar que, mientras visitaba a su padre, habían ido a la iglesia. Le encantaba cómo se sentía allí. Quería saber más acerca del Señor, y sabía que no podría hacer eso viviendo aquí conmigo. Él me amaba, los dos lo hicieron, pero sentían que sería mejor si se mudaran a la casa de sus papás para quedarse y poder ir a la iglesia. Me sentí como si acabara de abofetearme. ¿Qué mundo estaba diciendo este chico? Cada gota de ira, resentimiento, odio hacia uno mismo, y ni siquiera sé qué me pasó. Los espíritus que me controlaban, sintiendo lo que estaba por venir, salieron con una pelea. Maldije a esos chicos dulces de la cabeza a los pies. Los llamé todo bajo el sol y maldije los días en que nacieron. Bendice sus corazones Ellos nunca flaquearon. Con lágrimas corriendo y temblando físicamente, se mantuvieron firmes y tomaron mi reprensión como hombres. Los dejé allí de pie por miedo a lo que podría hacer teniendo en cuenta cómo me sentía. Entré en mi habitación y di un portazo. Su papá también vino a informarme que él sabía lo que estaba pasando en el hogar, y yo podía cooperar con la petición de los muchachos, o él me llamaba y me informaba a las autoridades correspondientes. Esa noche, cuando me acosté a dormir, oí la voz de Dios. Sabía que era Él, aunque no había escuchado su voz en cerca de diez años. Alábenlo, mientras lucho por escribir esto a través de las lágrimas, todo lo que puedo decir es que él intervino para esos muchachos. "Y Dios oyó la voz del muchacho; y el ángel de Dios llamó a Agar desde el cielo, y le dijo: ¿Qué tienes, Agar? No temáis; porque Dios ha oído la voz del muchacho donde él está "(Génesis 21:17). Él dijo: "¿Qué estás haciendo? Sabes que debes dejarlos ir. No pueden quedarse aquí. ¿Realmente quieres esto para ellos? Lloré por ellos por primera vez. Volví a su habitación donde se habían retirado a sus camas y simplemente dije que podías ir. Se hicieron planes y debían partir al final del verano. Después de pasar una semana en

Florida, siendo amado por mi papá y su madre, el más joven dijo

en el camino a casa que podía quedarse y dejar ir a su hermano

para que yo no estuviera sola. Sabía que solo estaba asustado

de dejar todo lo que había conocido. Le dije que no, y que él

tenía que irse. Sabía que no podía quedarse porque lo

destruiría.

Con los niños fuera no había fin para la lucha y

el caos en mi hogar. Las cosas fueron de mal en peor muy

rápidamente. Estaba trabajando en un trabajo con mi hermana

en ese momento, y sé que su influencia con el jefe es la única

razón por la que pude seguir trabajando. Él había mencionado

algunas veces sobre mi asistencia y apariencia. Venía

directamente del club al trabajo, usualmente todavía borracho

o drogado. Mi trabajo estaba siendo afectado por mi estilo de

vida. Parecía que la locura de mis novios no tenía fin. A menudo

me llamaba y amenazaba a mí, a mi hermana y a otros

compañeros de trabajo. Literalmente deseaba morir todos los

días. No vi ninguna razón para continuar. Sentí que mis

muchachos finalmente estaban a salvo, y realmente no tenía

ninguna otra razón de existir aparte de ser miserable, y el saco de boxeo de alguien. Me consumí con la idea de cómo cumpliría

mi fin. No quería tomar una sobredosis de drogas sintiendo que

era un cliché debido a la historia de mi familia con la adicción a

las drogas. Mientras estaba ocupado tratando de encontrar

formas de abandonar este mundo, mis chicos encontraron una

nueva oportunidad en la vida. Ambos fueron bautizados en el

nombre de Jesús y llenos del Espíritu Santo. Dios comenzó a

trabajar en sus vidas y les dio los dos llamamientos para el

servicio. Milagrosamente, me perdonaron por todos los males

que les había causado y comenzaron a orar por mí. Nunca les

pedí perdón ni oraciones, pero de todos modos me lo dieron.

Me llamaron innumerables veces para pedirme que fuera a la

iglesia. Ni siquiera sé si sabían que ya había hecho lo de la

religión y no lo hicieron. Ciertamente no tenía intención de

volver a ese camino otra vez. No, mi única opción era el suicidio.

"El camino de la paz no lo saben; y no hay juicio en sus caminos;

los han torcido; el que va en él no conocerá la paz. Por lo tanto,

el juicio está lejos de nosotros, ni la justicia nos alcanza:

esperamos la luz, pero he aquí la oscuridad; para el brillo, pero

andamos en la oscuridad "(Isaías 59: 8-9).

5 LA LUZ AL FINAL DEL TÚNEL

"Oh, no te acuerdes contra nosotros de las iniquidades anteriores: deja que tus tiernas misericordias nos prevengan rápidamente, porque somos humillados. Ayúdanos, oh Dios de nuestra salvación, para la gloria de tu nombre; líbranos y líbranos de nuestros pecados por amor de tu nombre " (Salmos 79: 8-9).

Había decidido que podía hacer que mi novio, que me amenazó con matarme a menudo, hiciera lo que yo quisiera. Probé todo lo que pude pensar para antagonizarlo y molestarlo. Hice una situación horrible aún peor. No importa cuánto lo intenté, él no iba a matarme. Decidí entonces que conduciría mi automóvil por la carretera y lo introduciría en la mediana. Sería un accidente, y nadie sería más sabio. Después de una mala discusión, aceleré mi velocidad y decidí que hoy era el día. Momentos antes de que tuviera que tirar de la rueda hacia la izquierda pude ver mi funeral. Mis hijos y mi abuelita estaban

allí. Estaban llorando y diciendo que era su culpa. Los chicos

decían que, si no se hubieran ido, no habría sucedido. La abuela

estaba tratando de imaginar qué más podría haber hecho para

amarme de nuevo a la cordura. ¿Qué? No quería que sintieran

estas cosas. Mis decisiones no fueron sobre ellos. Decidí esperar

hasta que tuviera un poco más de tiempo para pensar.

Los chicos fueron implacables. Siempre me

pedían que fuera a la iglesia. Finalmente concedí, y fui algunas

veces a la iglesia en la calle que habían elegido.

Sorprendentemente, unos años antes, el bebé había regresado

de la escuela suplicando que se uniera a Boy Scouts. Todos lo

estaban haciendo y él solo tenía que hacerlo. No tenía tiempo ni

ganas de conducir demasiado, así que les llevé ambos a los Boy

Scouts en esta misma iglesia durante varios meses. Ambos se

hicieron amigos e incluso asistieron a algunos servicios y

excursiones. Me había olvidado por completo hasta que entré al

estacionamiento. Honestamente, los primeros viajes que hice a

la iglesia fueron confusos. Fui algunas veces todavía borracho y

drogado desde la noche anterior. Fui derrotado, disgustado y decidido a abandonar este mundo. Sabía que no había nada

para mí en la iglesia. Me alegré de que los niños tuvieran una

nueva vida, y pensé que era dulce de su parte querer que me

incluyeran, pero esta no fue la respuesta para mí. Sin embargo,

seguí viniendo a la iglesia porque parecía ser el único tema que

mis hijos querían discutir conmigo.

Toda mi vida he sufrido problemas de depresión

y autoestima. Nunca he sido una chica flaca. Siempre he

luchado con mi peso, y las profundas depresiones en las que me

hundiría debido a mi incapacidad para lidiar con mis propias

situaciones de vida, no ayudaron. La depresión, para mí, es

como una nube oscura que puedo ver acercándose. Es ominoso

Sabiendo que viene, pero siendo impotente para detenerlo,

siempre he dejado que me alcance. En tiempos de depresión,

dejo que la comida sea mi consuelo; incapaz de encontrar poca

comodidad en cualquier otra cosa en mi vida, era mi única

fuente de paz. Desde que era joven, mi padrastro hizo todo lo

posible para hacerme sentir menos e inadecuado. Los años de

abuso a los que me sometí en manos de hombres al azar solo

aumentaron mí ya minúsculo sentido de autoestima. Estos

problemas, junto con el peso que parecía estar poniendo siempre, eran solo combustible para el fuego. ¿No es de extrañar que, mientras asistía a una iglesia en la que siempre escuchaba sobre el amor y el perdón de Dios, no pude establecer la conexión entre las ofrendas que se me hacían? No, no podía y no pensaba pensar que el Dios del que una vez había decidido alejarse me querría de vuelta. No después de las cosas que había permitido en mi vida en los últimos años. La primera vez que llegué al Señor me sentí como si las situaciones de mi vida estuvieran ocupadas conmigo y fuera solo una víctima de mis circunstancias. Pero, esta vez, había provocado mi propia destrucción. Años más tarde reconocería el hecho de que muchas de las situaciones en las que me encontré, incluso cuando era un adolescente, fueron producto de mi propia naturaleza y hábitos pecaminosos. Sí, algunas cosas estaban fuera de mi control, pero no todo. Dios siempre estuvo allí, incluso si yo no lo sabía. Sin embargo, en este momento, no podía excepto que pudiera volver al Señor. Honestamente, estaba enojado con él. Enojado con el Señor que me encontró y luego déjame ir. Sentí que, si Él realmente hubiera amado y querido salvarme, hubiera luchado más para mantenerme.

Ahora sé que Dios no opera así. Él es justo y misericordioso, sí, pero también es un caballero, y les ha dado a los humanos el derecho y la capacidad de elegirlo o no. "Pero cada uno es tentado, cuando es atraído por su propia lujuria y tentado" (Santiago 1:14).

Mi misión de salir de mi propia miseria estaba en la vanguardia de mi mente todos los días. Me odiaba a mí mismo y a mi vida. Después de algunos días intensos en casa, había decidido que los niños y la abuela, con el tiempo, encontrarían su propia paz con mi decisión, y ya no podía posponerlo. Tenía que terminarlo y pronto. Fui a la iglesia un domingo pasado para hacer felices a los niños, o al menos eso pensé. Había determinado esa mañana que hoy sería el día. Entré y tomé mi posición habitual cerca de la parte posterior del santuario, para escapar rápidamente, durante el llamado al altar. No recuerdo el mensaje que se predicó ni ninguna de las canciones que se cantaron; Solo sé que cuando me levanté para irme, el Señor me arrestó. Tal como lo había hecho unos años antes, cuando los muchachos me pidieron que los dejara ir; Él me habló en una voz casi audible. Fue tan fuerte y claro que

miré a mi alrededor para ver si alguien más lo había escuchado.

Él dijo: "elígeme o muere". Al principio, simplemente me burlé y

dije que ya había elegido morir. Elígeme o muere se hizo eco en

mi mente. No pude moverme. Claramente quería una decisión

antes de dar un paso hacia la puerta. Sabía que si me permitía

irme iría directamente a la autopista y en la mediana. Estaba

decidido a terminarlo hoy. Elígeme o muere; Empecé a temblar

y mirar alrededor. Empecé a suplicarle: "Señor, mira a esta

gente. Ellos son tan perfectos. Ellos no se parecen a mí. No los

hablo. Tienen sus pequeñas familias perfectas y cabello y ropa

perfectos. Estas mujeres son hermosas. ¿Qué podría tener que

ver con ellos? No me querrían cerca. No tengo nada para dar

aquí. No puedo ". Simplemente dijo:" elígeme o muere ". No

pude detener las lágrimas o los temblores. Estaba tan perdido y

realmente no quería ser encontrado. No quería volver a

intentarlo y fracasar. No podría soportar otra decepción como

esa en mí o en él. Las mismas palabras se hicieron eco una y

otra vez. Me sentí como si fuera la única persona en el mundo, a

pesar de que estaba en un edificio con cientos de personas. No estoy seguro exactamente qué pasó después. Mi pensamiento posterior fue caminar hacia mi automóvil y decirle al Señor que no puedo tener esto y lo otro. No quería sentirme así e irme a casa a la anarquía que era mi vida. Si iba a ser real con él, y yo con él, entonces tenía que estar al cien por cien y nunca mirar hacia atrás. Por eso, sabía que necesitaba su intervención divina. La Biblia nos da una palabra de aliento para esos momentos. "Sé fuerte y valiente, no temas ni tengas miedo de ellos; porque Jehová tu Dios es el que va contigo; él no te dejará, ni te desamparará. "(Deuteronomio 31: 6). No llegué a una milla de la calle antes de ser superado por el Espíritu de nuevo. Paré de llorar y hablar en lenguas. Él me estaba lavando y preparándome. Levanté el teléfono y marqué a mis muchachos. Por primera vez en sus vidas, me disculpé por lo que les había hecho pasar. Supliqué el perdón que ya me habían dado. Hablé con ambos niños, y todos estábamos llorando y hablando en lenguas. Les prometí que nunca volvería a ser lo que era cuando entré en la iglesia esa mañana, y por la gracia de Dios no lo hice.

Cuando llegué a mi apartamento tenía miedo de no poder hacerlo. La duda y el miedo estaban tratando de impedirme hacer lo que sabía que debía hacerse. Recé por fortaleza, subí las escaleras y me puse a trabajar. La casa estaba llena de parafernalia de alcohol y drogas que solo pasé e ignoré. Entré en mi habitación y recogí algunos documentos importantes y poca ropa y volví a bajar a mi automóvil. Tengo que salir. No podría quedarme allí. Casi todo en el lugar era mío. El apartamento y los servicios públicos estaban a mi nombre porque yo era el único que trabajaba y pagaba, pero no podía quedarme. Por la gracia de Dios, mi novio no estaba en casa. No habría pelea ese día. Me fui y simplemente manejé durante horas. Aparqué algunas veces sin poder controlar el llanto y la oración que sucedió. Tenía tanto enterrado profundamente que simplemente le di todo a Jesús. Estuve en el automóvil unos días antes de decidir que tenía que ir a la casa de la abuela para ducharme y planificar. Mi pobre y querida abuela había pasado por mucho con sus hijos y nietos a lo largo de los años. Estaba desconsolada porque los chicos se habían alejado, a pesar de que sabía que ellos también lo habían hecho. Entré y le pedí que usara la ducha. Ella estaba recelosa de mis motivos, y con razón.

Cuando salí de la ducha, me senté a comer algo con ella.

Inmediatamente notó y comentó que me veía diferente. Le dije

que había estado en la iglesia y me di cuenta de que ya no podía

vivir como lo había estado en los últimos años. Sabía que tenía

que cambiar. Le dije que me fui de mi apartamento. Pensó en

ello un poco y se ofreció a dejarme quedarme allí si no había

ninguna indicación de que iba a volver a mi antiguo estilo de

vida. Ella amenazó con echarme a la primera señal de

problemas. Estaba agradecido y sinceramente, no tenía fe en mí

mismo para poder hacerlo, pero con la ayuda del Señor iba a

intentarlo. Fui a la iglesia cada vez que las puertas estaban

abiertas. Asistí a todas las clases que ofrecieron. Fui a trabajar y

a casa a la casa de la abuela. Corté cada contacto de mi vida

anterior. Tenía que aislarme completamente de ese mundo si

realmente quería que esto funcionara.

   Esta vez estaba decidido a conocer al Señor.

Pasé horas leyendo y estudiando la Biblia. Yo quería saberlo, y él

para mí. Estaba buscando una relación, no una religión. Tenía

que asegurarme de conocer al Señor lo suficiente para luchar y vencer a mis demonios internos. Mi pasión por la lectura había regresado, y esta vez no iba a leer nada que pudiera destruir mi alma o alimentar mi carne. Comencé a tratar de comer bien y caminar kilómetros por día para controlar mi cuerpo. Me hizo sentir maravilloso.

Entonces, por alguna razón, en un momento de debilidad, abrí una puerta que casi me hizo perderme a mí mismo y esta relación con el Señor nuevamente. Acepté una llamada telefónica de mi antiguo novio. Él notó el cambio en mí y estaba luchando en la vida. Después de irme, él tenía que encontrar un lugar para vivir y una manera de mantenerse a sí mismo. Dijo que me echaba de menos, pero ahora sé que ese no era el caso. Dijo todo lo que siempre había querido y necesitaba que dijera. Comencé a escuchar los sutiles seductores del enemigo de mi alma que se hablaba a través de la voz de este hombre. Me dije a mí mismo qué glorioso testimonio sería si pudiéramos proclamar que el Señor nos había rescatado a los dos de los rincones del infierno y cambiado nuestras vidas. Él comenzó a venir a la iglesia conmigo, y fue bautizado en el nombre de Jesús. Él nunca recibió el Espíritu Santo, pero la Biblia dice que si eres bautizado en el nombre, el don del Espíritu es tuyo; y rezo para que un día llegue a conocer al Señor en su plenitud a fin de que su alma sea salva. Le dije que no podríamos vivir juntos de nuevo a menos que estuviéramos casados. Estaba decidido a vivir una nueva vida. Asistimos a consejería matrimonial en la iglesia y pronto nos casamos. Nos mudamos con mi hermana y sus hijos. Por lo tanto, se convirtió en esposo número tres.

Todo estuvo bien durante un par de meses. Él trató de hacerlo funcionar. Lo vi muchas veces leyendo su Biblia y rechazando invitaciones para pasar el rato en la esquina de la calle. Visitamos a los niños a menudo y estaban satisfechos con los cambios que estaban teniendo lugar en nuestras dos vidas. En un viaje, él conducía, y puso un CD de música para escuchar. La música tenía letras terribles llenas de maldiciones e insinuaciones sexuales. Me habían gustado estas canciones antes, pero el espíritu en mí se estremecía al escucharlas ahora. Le dije cómo me sentía y me sorprendí cuando se enfureció. Cogió el CD y lo tiró por la ventana. Él afirmó que solo porque su religión no debería significar que no puede disfrutar de la vida.

Compliqué con el hecho de que no había nada bueno o agradable en esa música. Un poco después, cuando paramos para comprar gasolina, él quería dinero para comprar un boleto de lotería. Le dije que no deberíamos jugar a la lotería. Los cristianos no deberían apostar ni desperdiciar dinero en cosas tan frívolas. Una vez más, se enfureció al afirmar que la religión era como cadenas para él. No podría estar más en desacuerdo. Para mí fue la ruptura de cadenas y fortalezas. Esta fue mi primera indicación de dónde su corazón realmente mintió. Estaba tan frustrado que se quedó en la habitación del hotel mientras yo iba a la iglesia para ver a mi hijo menor bautizarse.

A medida que nos mudamos a nuestra casa, estaba atormentado por cómo proceder con mis hijos. Había orado tantas veces para que el Señor los devolviera a mí. Sabía que eran felices y florecientes, pero ahora estaba salvado y deseaba ser nuevamente su madre. Después de muchos meses, dejé de orar para que volvieran y comencé a pedirle al Señor que me ayudara a estar cerca de ellos. Estaba llegando el momento en que mi hijo mayor se graduaría de la escuela secundaria y tenía planes de asistir a la universidad bíblica.

Decidí que tenía que volver a la universidad para terminar mi

carrera, así que podía permitirme moverme cerca de ellos y

conseguir un buen trabajo para ayudar a terminar de criarlos.

¡Oh, qué telaraña enredada tejemos cuando tratamos de

ayudar a Dios con los planes que tiene para nuestras vidas, en

lugar de confiar en Sus caminos y procesos! Me jubilé temprano

de mi trabajo y comencé a regresar a la escuela el próximo

semestre. Ocupado con la escuela, mi nueva pasantía y mis

actividades en la iglesia, pude evitar fácilmente todas las

señales de que mi nuevo esposo estaba luchando con su nueva

fe y estaba volviendo a sus viejos hábitos y estilo de vida.

La salud de mi abuelita estaba disminuyendo en

esta época. Ella había sido diagnosticada con distrofia muscular,

y después de varias caídas, y usando un andador por un tiempo,

había sido confinada a una silla de ruedas. Me mudé a casa con

ella por lo que dije para ayudar a cuidarla, pero realmente

estaba luchando financieramente, y la mudanza me ayudó más

que a ella. Regresar a la casa de mi abuela resultó ser

desastroso para mi esposo. Estábamos demasiado cerca del

antiguo barrio y de la llamada interminable que sentía por su vida anterior. Me encontré en una situación muy indeseable.

Estaba casado con las calles y yo solo quería casarme con el

Señor. No sabía qué hacer. Mi viejo odio hacia mí mismo

regresó. Me dije que sabía mejor que pensar que podría vivir

esta vida. Aquí estaba profesando conocer y amar al Señor, y

aun así me estaba acercando a un posible tercer matrimonio

fallido. ¿Quién realmente pensé que era? Sabía que la Biblia

hablaba en contra del divorcio y también sabía que no podría

vivir como lo había hecho antes con él. La lucha había

comenzado a empeorar y más a menudo. Solo que ahora, en

lugar de que mis hijos estén en el medio, mi pobre abuelita tuvo

que soportarlo todo.

Mi hermana realmente me ayudó cuando

estaba en mi ingenio final. Ella y mi sobrina habían comenzado a

visitar la iglesia. Ambos fueron bautizados y llenos del Espíritu

Santo. Se abrió paso a la fuerza, conmigo, al consejero familiar,

pastor de la iglesia, y le hizo saber que realmente necesitaba

ayuda con una situación. Él fue muy gentil y amable. Me sentí

como el mayor chiste. Enseguida le dije que realmente no

necesitaba ayuda porque ya sabía lo que iba a decir, así que no tenía sentido hablar de ello. Esto lo encontró muy frustrante, e

insistió en que me reuniera con él para discutir lo que yo

pensaba que serían las respuestas que él me daría. Estaba más

que nervioso cuando me senté en la oficina. Al principio traté de

ser muy vago, pero antes de que pudiera ayudarlo, estaba

divulgando los detalles sangrientos de mi matrimonio. Para mi

sorpresa, me hizo saber que Dios me amaba. El Señor no tenía

intención de que yo fuera el felpudo de alguien. Hubo ciertos

roles a los que se asignan los esposos y las esposas en la Biblia.

Él señaló las escrituras y me dio consejos para seguir. Traté de

hacerlo a mi manera al principio, pero finalmente tuve que

seguir sus sugerencias cuando nada más parecía funcionar. Le

dije a mi esposo que había decidido seguir a Jesús y que él podía

seguirlo o no, pero no viviría ni sería parte de un estilo de vida

que sea contrario a las enseñanzas de la Biblia. El eligió irse.

Nunca dejé de ir a la iglesia, pero me senté en

medio de la congregación sintiéndome como un fracaso total.

Trabajé tan duro para superar mi pasado solo para permitirme

enredarme nuevamente en una mala situación. Estoy tan

agradecido de que durante este tiempo el Señor me ayudó a

permanecer cerca de él para no perderme de nuevo. Ahora más decidido que nunca, hice lo que sabía hacer, sumergirme en la palabra de Dios, ponerme al servicio de la iglesia y permanecer dentro de los confines y la seguridad de la casa de la abuela hasta que pudiera enfrentar el mundo sin ser tentado por eso. "Por lo cual, el que piensa estar en pie, tenga cuidado, no sea que se caiga. No te ha atraído ninguna tentación, sino la que es común al hombre; pero Dios es fiel, que no te dejará ser tentado por encima de lo que puedes; pero con la tentación también harás un camino para escapar, para que puedas soportarlo "(1 Corintios 10: 12-13).

Fue durante este tiempo que comencé a visitar nuestro ministerio de la cárcel. Una noche uno de los líderes sugirió que podría ser una buena persona para enseñar y ministrar a las damas. Esto me aterrorizó y nunca volví de visita hasta años después. Ponerme a mí mismo y a mi historia para que todos la vean no estaba en mi lista de tareas pendientes. Tampoco quería ponerme de pie frente a nadie para hablar, incluso si estaba hablando sobre el Señor.

Además, durante este tiempo, el Señor respondió mis oraciones de la manera más notable. De la nada, el padre de mis hijos me llamó para decirme que se mudarían a Georgia. ¿Qué mundo? Justo como si volvieran. Aprendería más tarde sobre los principios de la siembra y la cosecha de la Biblia. Dios puede cambiar completamente nuestras vidas, pero aún debemos pagar por los pecados que cometemos. "Los que siembran en lágrimas cosecharán gozo" (Salmos 126: 5). Cosechamos lo que sembramos. En mi vida, cuando comencé a sembrar buenas semillas de amor, paciencia y perdón, comencé a cosechar buenas recompensas, sin embargo, todavía tenía que pagar todos los años que había sembrado malas semillas. Parte de ese pago para mí fue todos los años pasados lejos de mis hijos. Nunca podré recuperar esos años. "Como he visto, los que aran iniquidad y siembran iniquidad, siegan lo mismo" (Job 4: 8). No sabía qué esperar, pero estaba tan agradecido de que estuvieran cerca, y podría verlos a menudo. Sabía que no podría fallar. No había forma de que decepcionara a esos chicos otra vez. Se habían ido como niños y volvían como hombres jóvenes.

Toda la dinámica de nuestra familia cambió, ya que todos estábamos luchando por vivir una vida cristiana.

A medida que mi relación con Lord se hizo más profunda, desaparecieron los viejos resentimientos que tenía hacia las personas en mi vida. El Señor tiene una manera de hacer que el perdón funcione. "Pero si no perdonáis a los hombres por sus ofensas, tampoco vuestro Padre perdonará vuestras ofensas" (Mateo 6:15). Los niños, su papá, su familia y yo tuvimos una buena relación. Cuando visité a los niños, antes de que regresaran, a menudo comíamos y compartíamos juntos. El Señor nos había perdonado todas las cosas y habíamos tomado ese perdón y lo habíamos convertido en un respeto mutuo. Nos enfocamos en los chicos y hacemos que la situación funcione para ellos. Muy a menudo la gente pregunta cómo nuestras familias se llevan tan bien, y todo lo que puedo decir es que Dios es bueno.

La madrastra de mis hijos nunca me miró por encima de la nariz. Ella siempre me trató con respeto y cuidado como su madre. Ella conocía los detalles sangrientos de mi situación cuando los chicos vinieron a vivir con ellos, pero ella nunca me juzgó. Ella siempre me hizo sentir bienvenido cuando vine de visita y me incluyó en cualquier decisión importante en lo que a los chicos se refiere. Ella trató a los niños como los suyos, y los míos, desde el primer día. Años más tarde, cuando me convertí en madrastra de dos chicas increíbles, intenté tratar a sus madres como me habían tratado. ¡Ven a descubrir que ese es el camino de la Biblia! "Y como quiere que los hombres le hagan a usted, hágalos también a ellos" (Lucas 6:31).

6 LOS AÑOS PERMANENTES

"Por tanto, estad firmes, ceñidos vuestros lomos con la verdad, y vestidos con la coraza de justicia" (Efesios 6:14)

Escuché un notable sermón predicado en nuestra conferencia de distrito un año. El ministro discutió las diferentes estaciones de la vida y nuestras acciones concurrentes durante esos momentos de caminar, estar de pie y sentarse.

"Bienaventurado el varón que no anduvo en consejo de malos, ni estuvo en camino de pecadores, ni se sienta en silla de escarnecedores. Pero su deleite está en la ley del Señor; y en su ley medita día y noche. Y será como un árbol plantado junto a arroyos de aguas, que da a luz su fruto en su tiempo; su hoja tampoco se marchitará; y todo lo que él haga prosperará "(Salmos 1: 1-3). Era tan fiel a la vida que nunca lo olvidaré.

Mientras lucho con las estaciones siempre cambiantes que, como cristianos, atravesamos, trato de aferrarme a las verdades en ese mensaje.

Estaba completo, por primera vez en mi vida, en él. Yo era feliz. Empecé a hacer algunos amigos en la iglesia. También comencé a trabajar con el ministerio de las personas sin hogar y a evangelizar en las calles con algunos amigos los fines de semana. Estaba aprendiendo mucho sobre mí y el Señor. Estaba siendo estirado y transformado en una verdadera dama cristiana. Casi sin mi conocimiento, la insensibilidad de mi vida anterior se estaba alejando de mí. En lugar de una mujer dura con una personalidad descarada, me estaba convirtiendo en una persona servicial y atenta. Me preocupaban las personas que no eran yo ni los de mi círculo más cercano. Ya no sentía cinismo hacia el mundo. Dios es milagroso de esta manera. Cuando caminamos con él, cambiamos de adentro hacia afuera. La verdadera relación con él te cambiará. "Por lo tanto, si alguno está en Cristo, es una nueva criatura: las cosas viejas pasaron; he aquí, todas las cosas se han hecho nuevas "(2 Corintios 5:17).

La Biblia nos da un bello ejemplo de lo que debería ser una mujer. La llamamos la mujer Proverbios 31. Reflejar su ejemplo fue mi objetivo. "Ella abre su boca con sabiduría; y en su lengua está la ley de la bondad. Ella mira bien los caminos de su casa, y no come pan de holgazanería "(Proverbios 31: 26-27). Me dieron la oportunidad de compartir mi testimonio en el grupo de oración de la señora en la iglesia, el ministerio de personas sin hogar, y en el club bíblico P7 que mi hijo estaba organizando en su escuela secundaria. No podía creer cómo el Señor me estaba cambiando de adentro hacia afuera. Ambos muchachos vinieron a quedarse conmigo no mucho después de la mudanza. Mientras mi hijo mayor se preparaba para ir a la universidad bíblica, tuve que tomar una decisión difícil. Sabía que no podía pagar una universidad privada y mantener mi hogar con mi salario actual. Ahora en mi último año de la universidad, y trabajando en el campo de la contabilidad como contador del personal; No tuve más remedio que hacer algunos cambios importantes. No había manera de que sacrificara el sueño de mi hijo de ir a la universidad de su elección debido a las malas decisiones que había tomado en mi propia vida. Con mucho gusto renunciaría a cualquier cosa para asegurarme de que mis hijos pudieran lograr sus metas en la vida. Dejé la universidad un semestre antes de graduarme y abandoné el mundo de la contabilidad para ingresar al mundo del personal. También tomé un segundo trabajo para complementar mis ingresos. Más tarde, me di cuenta de que esto era exactamente donde Dios quería que yo estuviera. No es de extrañar que no nos haga saber los planes que tiene para nosotros porque sin duda intentaríamos cambiar de opinión; como si pudiéramos saber qué sería lo mejor. "Porque sé los pensamientos que pienso acerca de ti, dice el Señor, pensamientos de paz, y no del mal, para darte un fin esperado" (Jeremías 29:11).

Después de que mi hijo mayor regresó temprano de la escuela bíblica, nos mudamos a una pequeña casa a pocas calles de la casa de mi abuela. Mi hijo, ahora adulto, eligió seguir un camino diferente. Fue una decisión desgarradora para mí, y extremadamente difícil para su hermano pequeño. Escribí el siguiente poema unos años después. Es una expresión de mi amor y preocupación por él y sus elecciones en ese momento. Lo incluyo con la esperanza de que ayude a alguien que tiene un miembro de la familia que ha elegido alejarse de Dios. Tal vez, para usted y para mí, este poema puede ser el comienzo de una oración por su seguridad, paz y restauración con el Señor.

"Para mi hijo que está luchando"

Si pudiera recuperar cada palabra odiosa
Cada vez que te deje solo
Cada vez que me elijo encima de ti
Lo haría, pero no puedo
Si pudiera soportar tus luchas, tus miedos, tu dolor
Y hazlos míos
Lo haría, pero no puedo
Si pudiera ayudarte a ver cómo el Señor me salvó
Cómo me sacó de las profundidades
Oh, que mi victoria podría ser tu victoria
Pero, no puede
Si pudiera relacionarme con tus luchas
Lo haría, pero no puedo
Si pudiera mostrarte mi infancia llena de abuso, tristeza, miedo y desilusión
Si vivir a través de mi pasado te ahorraría la molestia de elegir el camino equivocado
Te dejaría vivirlo
Pero, no puedo
Si pudiera pararse en mis zapatos y escuchar a su hijo, dígale que debe alejarse
Para encontrar la paz y conocer al Señor
Si pudieras sentir mi corazón romperse, no porque estuvieras equivocado
Pero, porque sabía que tenías razón

Si pudieras sentir ese dolor
Oh, si cambiara tu dirección
Pero, no lo hará
Si pudieras verme hablando contigo por teléfono
Llorando, escuchando lo grandioso que estás haciendo y cuán
asombrosa es la Iglesia
Si supieran cuántas veces pensé que el mundo estaría mucho
mejor sin mí en eso
Si eso te hiciera despertar
Pero, no lo hará
Si pudieras saber lo orgulloso que estaba de verte predicar,
escuchar tu cita de las Escrituras
Para escucharte hablar en lenguas
Si mi alegría pudiera hacer que tu corazón cantara
Pero, no puede
Si pudieras haber estado en la iglesia ese día
Si pudieras haberlo escuchado, dime que tuve que elegir
Si mi decisión pudiera salvar ambas almas
Pero, no puede
Si tan solo pudiera entender lo que te haría renunciar a tus
sueños, a tu llamado, a tus amigos, a tu universidad, a tu fe
Pero, no puedo
Si pudiera encontrar una manera de decirte que voltees y corras
hacia Él
Pero, no puedo
Si escucharas al Espíritu Santo dentro de ti
Incluso el sentido común diría que ya has perdido más de lo que
ganaste en este camino
Si solo volteas
Si pudieras ver lo triste que me hace verte luchar
Sé que mi pasado está bajo la sangre, pero con cada victoria le
das al diablo
No puedo evitar sentirme culpable
Si hubiera podido ser mejor, un verdadero cristiano y mamá
Oh, que podría ayudarte a salvar tu alma
Pero, no puedo

Si supieras que un tipo tan guapo, inteligente, ingenioso,
talentoso e impresionante
No tiene que existir solo en esta vida
Decidirse por el segundo mejor no está en tu naturaleza
Él te ha salvado, te ha creado y te ha destinado a la grandeza
Si solo lo dejaras liderar el camino
Pero, no lo harás
Cuando te oigo decir que conoces ambas carreteras y estás
eligiendo esta
Si tan solo pudieras entender que yo también elegí ese camino, y
esa es la razón por la que tu vida fue tan dura
Si mis malas elecciones podrían ser una lección para ti
Pero, no pueden
Si pudiera llevarte al cielo
me gustaría
Pero, no puedo
Si él no nos hubiera amado tanto
Nos hubiera dejado allí en calle del cementerio muriendo en el
pecado
Pero, Él no lo hizo
Si supieras todas las oraciones que tocan su trono por ti
Pero, no puedes
No lo harás, no puedo
Pero, Él puede, y sé que lo hará
Y no dejaré de orar hasta que lo haga

Durante una reunión de oración durante toda la

noche en una casa de amigos, sentí que el Señor me hablaba

sobre mi apariencia. También vi una visión por primera vez en

mi vida. La imagen fue rápida y fugaz, pero lo vi de todos

modos. Me vi parado al lado de un hombre; el hombre era

claramente mi marido, aunque yo no tenía ni tenía la intención de casarme. Estábamos predicando y testificando a una multitud de personas. La gente estaba orando y clamando al Señor. El yo que vi no era lo mismo que yo ese día. Estaba mucho más delgado. Traté de no leer demasiado. Cuando regresé a casa, los chicos y yo estábamos teniendo una conversación sobre el peso. Se estaban pesando unos a otros y después de muchas protestas accedí a pisar la balanza. Estaba en mi peso más alto de trescientas veinte libras. Discutimos hacer algunos cambios importantes. Sabía que esto, junto con la visión que tenía, era una señal de los cambios que debían hacerse. Estaba decidido a convertirme en la mujer que había visto en esa visión. "¿Qué? ¿No sabéis que vuestro cuerpo es el templo del Espíritu Santo que está en vosotros, que vosotros tienen de Dios, y que no sois vosotros mismos? "(1 Corintios 6:19). Empecé a comer sano y caminar todos los días. Después de unos meses, mi hijo mayor me animó a correr. Pensé que estaba siendo ridículo. No había forma de que pudiera correr; Apenas podía caminar. Pero comencé a trotar muy despacio durante unos pocos pasos durante mis caminatas diarias, y finalmente trotaba por la mitad de las cinco millas que hacía por día. Me habían invitado a visitar Perú con un amigo de la iglesia en unos pocos meses, y estaba haciendo que mi parada número uno para mi objetivo actual de pérdida de peso. En ocho meses había perdido unas asombrosas ochenta libras. Nunca me había sentido mejor en mi vida adulta. Desde ese momento hasta ahora debo ser consciente de lo que como, y ser diligente con el ejercicio. Mi peso fluctúa, pero sigo decidido a no volver a donde estaba antes. Con mi hijo ahora en casa de la escuela, pude abandonar el segundo trabajo y concentrarme más en el ejercicio y el ministerio.

Resulta que mi nuevo puesto como reclutador me ayudó en mis esfuerzos ministeriales. El puesto me brindó la oportunidad de ayudar a las personas que conocimos en el ministerio de la calle a obtener un empleo. También pude bendecir a unos pocos en nuestra iglesia con el trabajo que tanto necesitaban. Mis compañeros de trabajo siempre tenían curiosidad sobre mi caminata cristiana. Una tarde compartieron algo de comida y me preguntaron si quería unirme a ellos. Lo rechacé, pero se negaron a aceptarlo sin una explicación veraz sobre por qué. Les expliqué que ese día era mi día de ayuno.

Ellos se sorprendieron. No podían creer que la gente ayunara.

La mayoría de ellos eran mucho más jóvenes que yo, y algunos

habían oído hablar del ayuno, pero pensaron que era una

práctica antigua. Les dije que el ayuno, la oración, mi apariencia

y las muchas otras maneras en que me vieron vivir mi vida

fueron parte de ser cristianos. "Y no os conforméis a este

mundo, sino transformaos mediante la renovación de vuestro

entendimiento, para que comprobéis cuál sea la voluntad de

Dios buena, aceptable y perfecta" (Romanos 12: 2). Tuvimos

una larga discusión ese día sobre la religión y la relación con el

Señor. También fueron muy generosos con las causas que

defendí. Dieron con frecuencia a los ministerios en los que

trabajé, y lo harían durante muchos años por venir.

Empecé de nuevo al ministerio de la cárcel,

también. Si pudiera compartir mi testimonio con desconocidos

en la calle, seguramente podría hacerlo por las damas que

encontraría. En una sesión, una jovencita me preguntó: "¿Cómo

lo hiciste, como dejar las drogas, sé que lo dices, pero ¿cómo lo

hiciste?". A esto respondí que solo es posible tomando un día a

la vez. Hubo días en que quería tomar una copa o drogarme, y había otros días en los que quería llamar a un amigo porque me sentía solo. Primero, si no lo has hecho, debes ser salvo de la única manera en que el Señor nos ha dicho cómo estar en la Biblia. Debemos arrepentirnos por nuestros pecados y ser bautizados en el nombre de Jesús para la remisión de esos pecados. Su nombre es el único nombre dado por el cual debemos ser salvados. Y luego, la Biblia promete que recibiremos el don del Espíritu Santo. La evidencia de haber recibido el Espíritu Santo es hablar en lenguas. Este es el camino de la Biblia. Sin su espíritu viviendo y trabajando en mí, todavía estaría en las calles o muerto. Ciertamente no habría tenido el poder de vivir una vida de superación. Sabía que, si regresaba, incluso una vez, estaría perdido de nuevo. Empecé por despertarme todos los días y decidir vivir a propósito. Antes de que mis pies toquen el piso, le rezaría al Señor por dirección y cobertura. Le pediría que me quite los deseos inmundos y mantenga mi corazón y mi mente enfocados en él. Entonces leería la Biblia. Cuando los impulsos golpean, rezo en voz alta o para mí mismo, dependiendo de dónde estuve. Traté de estar lo más ocupado posible yendo a la iglesia cada vez que había servicio y voluntariado para cualquier cosa que pudiera. Cuanto más me enfocaba en hacer por los demás, menos me preocupaba complacer mis propios deseos egoístas. El primer año fue difícil, el segundo año fue más fácil, y después de eso fue más fácil y más fácil. Se necesita determinación, voluntad para poner en el trabajo y una fe en Dios para ayudarlo en el camino. Ser cristiano no significa que no tendrás dificultades con las cosas. Somos humanos y vivimos en un mundo pecaminoso. Hay un enemigo de nuestras almas que busca destruir y devorar a quien pueda. Las batallas se vuelven diferentes cuanto más sepa y camine con el Señor. Como ex adicta, sé que tengo que ser más consciente que la persona promedio sobre lo que le dedico mi tiempo y atención también.

Ahora, mi lucha sería con la pérdida de peso. Uf, esa es una batalla difícil. Sabes lo que debes y no debes hacer, pero cuando el deseo te golpea te sientes casi impotente para detenerlo, a menos que estés motivado. Si ha decidido cambiar, es más fácil resistir la tentación de hacer trampa hasta que un día ya no desee alimentos malos.

Todavía peleo batallas, pero ahora se ven diferentes a las adicciones del pasado. Me gusta todo en su lugar. Hago las mismas cosas de la misma manera todos los días, y puedo agitarme mucho cuando algo sale mal. Creo que el caos y la incapacidad de controlar cualquier cosa en mi vida antes me hace desear ser demasiado controlador ahora. Pero, Dios está trabajando en mí con esto todos los días. Él me ha dado un marido maravilloso e hijos increíbles para ayudarme a recordar que no tengo el control, y que todo no tiene que perfeccionarse. A veces está bien no tener todo ir de acuerdo con los planes. A veces está bien que todas las cosas no vuelvan a su lugar original. No es fácil, pero tengo que recordar que mi vida no se trata de lo que sucede aquí. Intento llegar al cielo y llevar a la mayor cantidad de gente posible conmigo.

Otra cosa que hizo la diferencia, y esto probablemente fue el más difícil, fue alejarme del medio ambiente y las personas que estaban en mi antiguo estilo de vida. Sé que es fácil decir que no tienes adónde ir, ni a nadie más en quien confiar. Pero, Dios es fiel y si haces un movimiento determinado, Él proporcionará una vía de escape.

Para mí fue dejar todo lo que era mío para dormir en mi automóvil hasta que se movió en el corazón de mi abuela para darme un lugar donde quedarme. Fue necesario tirar mi teléfono celular, así que no tenía el número de teléfono de nadie de esa vida. Para usted puede que no tome mucho, o puede tomar más, pero realmente creo que Dios puede y lo ayudará si es sincero y está dispuesto a hacer el trabajo duro.

Otra señora me preguntó cómo vivía con la culpa de lo que había hecho. Esto es algo difícil. Es algo que todavía peleo hoy. El enemigo ama luchar contra nosotros en nuestras mentes. Siempre hay consecuencias para cada elección que hacemos. Perder esos años con mis hijos es una consecuencia y no puedo recuperarlos. Siempre estoy al tanto de quién y qué solía ser. Una cosa sé, y es que incluso en mis días más oscuros como cristiano, tengo paz y esperanza en Dios que no se puede comparar con el dolor y la desesperanza que sentí en mi mejor día antes de conocerlo. "Por un día en tus tribunales es mejor que mil". Prefiero ser un portero en la casa de mi Dios, que vivir en las tiendas de la maldad "(Salmos 84:10). Puedes consolarte con el hecho de que hay algo más grande que tú, cada batalla que peleas, y cualquier enemigo que puedas enfrentar, de tu lado. Él te ama simplemente porque tú le perteneces a él. Para mí es la misma solución. Vivo a propósito todos los días. Estoy decidido a ser lo mejor que puedo ser en lo que sea que esté haciendo. Quiero ser un miembro valioso de mi iglesia, mi familia, mi comunidad, mi lugar de trabajo y mi vida. Quiero que la gente me vea por lo que Dios ha hecho en mí y no por lo que mi pasado dice que debería ser. Eso no significa que te levantarás mañana y que aún no estarás encerrado o enfrentando lo que sea que trates en la vida. Pero significa que puede atravesarlo con la cabeza en alto, sabiendo que está haciendo su parte y que Dios se está ocupando del resto.

Luego los desafié a probarlo. Levántate mañana y ora, lee la Biblia y luego encuentra la manera de ser mejor. Tal vez, está siendo amable con alguien que realmente no te gusta. Tal vez, está escuchando a alguien o invitando a la nueva dama a sentarse contigo. Tal vez, está llamando a esa persona que te ha lastimado y diciendo que te perdono porque Dios me ha perdonado. Cuando miré alrededor de la habitación, no había un ojo seco en el lugar. Miré hacia arriba e incluso el guardia en la habitación contigua lloraba lágrimas de esperanza y alegría. Como nota al margen, algunos de los guardias estaban abiertos y receptivos para nosotros, pero algunos eran duros y de negocios. Este guardia era todo negocio, y la última persona que consideraría tener un corazón abierto a Dios. La próxima vez que vine a enseñar escuché algunos maravillosos testimonios de cómo las mujeres vivían a propósito y se ayudaban mutuamente a superar. Cuando compartimos cómo Dios nos ha enseñado, dado forma y nos ha dado la esperanza, puede mover a la gente a recibir su palabra. Dios puede usar lo que ha hecho en ti para inspirar y alentar a aquellos con quienes lo compartes.

Un grupo de amigos de la iglesia con una pasión por el ministerio me invitó a unirme a ellos mientras evangelizaban en las calles de nuestra comunidad. Me encantaron las personas sin hogar y el ministerio de la cárcel y pronto me enamoré del ministerio de la calle. Había tantas cosas asombrosas que sucedieron en las calles. Dios apareció y se mostró. Vimos a muchos bautizados, llenos del Espíritu Santo, sanados, demonios expulsados, vientres llenos y esperanza restaurada. "Y él les dijo: Id por todo el mundo, y predicad el evangelio a toda criatura. El que cree y es bautizado, será salvo; más el que no creyere, será condenado. Y estas señales seguirán a los que creen; en mi nombre echarán fuera demonios; hablarán nuevas lenguas; tomarán serpientes; y si beben algo mortífero, no les hará daño; pondrán sus manos sobre los enfermos, y ellos se recuperarán "(Marcos 16: 15-18).

Aprendí mucho sobre la gente Dios abrió puertas que aparentemente estaban cerradas y con candado. Usó a algunas de las personas más improbables para ser su portavoz en el ministerio de la calle; yo incluido. Hubo momentos en que las personas venían a mí en busca de respuestas; desconocidos se acercaban a mí y me decían que se sentían obligados a hablarme por alguna razón. Nunca había visto a Dios moverse tan audazmente como lo hizo en esta temporada de mi vida. Un sábado, invitamos a un amigo a unirse a nosotros. Ese sábado estábamos visitando un parque de casas rodantes asolado por la pobreza en la zona, y encontramos la casa de una madre soltera de diez. La hija mayor de la mujer también vivió allí y tuvo un hijo. Con tantos en un hogar, su necesidad era muy grande. Nadie en nuestro grupo tenía mucho dinero, pero pusimos lo que teníamos juntos y fuimos a comprar algo de comida para la dama y todos los niños. Nuestro amigo se sintió obligado a ofrecerle a la dama veinte dólares cuando nos preparamos para irnos. La mujer inmediatamente comenzó a llorar y nos hizo saber que su hijo tenía que pagar un viaje a la escuela y ella le acababa de decir que no podía ir porque no tenía suficiente dinero. La tarifa era de veinte dólares. Vimos milagros como estos casi todos los sábados, pero nuestro amigo nunca había experimentado algo como esto. Estaba compartiendo su experiencia en la peluquería la semana siguiente, y un hombre que era gerente de una tienda de abarrotes orgánica local le dijo que organizara una reunión con nuestro equipo. Salimos a conocer a este hombre y nos ofrecieron recoger los alimentos donados algunas veces por semana para satisfacer las necesidades de la comunidad. ¡Dios es tan maravilloso! Esta comida ayudó a muchas familias que no sabían de dónde vendría su próxima comida. Durante varios años, el equipo compró regalos de Navidad para familias necesitadas, limpió casas sucias y visitó a los solitarios. Los encuentros que vi en las calles fueron directamente de Dios y estoy muy agradecido de haber tenido esas experiencias. "De cierto, de cierto os digo: El que en mí cree, las obras que yo hago, él las hará también; y mayores obras que estas hará él; porque voy a mi Padre "(Juan 14:12).

Otra encrucijada en mi vida fue mi viaje a Perú. Mi amigo y yo visitamos Lima y algunas ciudades de los alrededores durante tres semanas. La gente fue muy amable y maravillosa. Amo el Perú Siempre tendrá un lugar en mi corazón. Oramos y ayunamos durante varios meses antes del viaje. Un sábado, unas semanas antes de nuestro viaje, mi amigo y yo visitamos un parque de casas rodantes y tuvimos un encuentro especial con el Señor. Las damas que conocimos recibieron la comida y la oración que les ofrecíamos, pero Dios también nos regaló ese día. Durante la oración, una de las damas que visitábamos profetizó que todo lo que mi amigo y yo tocaríamos sería bendecido. Ella continuó diciendo que Dios nos protegería y nos proporcionaría donde sea que nuestros pies nos lleven. Esta señora no tenía idea de nuestros próximos viajes. En la segunda noche de nuestro viaje, un amigo nuevo nos llevó a visitar la playa. Después de hacer turismo por un rato fuimos a sentarnos en la arena y ver cómo entraban las olas. Comenzamos a compartir nuestros testimonios con esta persona. Después de escuchar atentamente por un momento, hizo una pregunta que todo ganador cristiano de almas quiere escuchar: "¿Qué debería hacer?" Le expliqué Hechos 2:38 a él. Dejarlo saber que necesitaba arrepentirse por todos sus pecados, y explicarle que arrepentirse significa arrepentirse, pero también alejarse de esos pecados y estar decidido a no volver a hacerlo. Le dije que necesitaba ser bautizado en el nombre de Jesús y que recibiría el don del Espíritu Santo como lo promete la Biblia. Mi amigo y yo le hacemos saber que esta es la única forma en que la Biblia nos dice que debemos ser salvos. "Respondió Jesús, de cierto, de cierto te digo, que el que no naciere de agua y del Espíritu, no puede entrar en el reino de Dios" (Juan 3: 5). Nuestro amigo estuvo de acuerdo en que necesitaba ser bautizado y le preguntó si podía aprender más sobre cómo vivir una vida cristiana. Conocimos a muchas personas que estaban hambrientas de conocer al Señor. Dios estuvo con nosotros mientras estábamos allí. Después de conocer a varias personas que querían ser bautizadas, nos

conectamos con una iglesia local y programamos un momento

para llevar a un grupo al río para un servicio de bautismo.

Cuando ingresamos por primera vez a esa iglesia, toda la

congregación estaba tan emocionada de vernos. Dijeron que

habían estado orando y ayunando por la dirección y avance en

el ministerio, y muchos habían sentido que una palabra vendría

de América. Cuando llegamos y compartimos nuestro deseo de

tener a las personas con las que ya nos habíamos bautizado,

junto con cualquier otra persona que nos encontráramos,

sentían que esto era una confirmación. Eran tan encantadores.

Nos pidieron que compartiéramos nuestros testimonios en el

servicio esa tarde y las damas prepararon un delicioso almuerzo

para nosotros después del servicio. A diferencia de muchas

iglesias estadounidenses, las congregaciones en esa área no

tienen acceso fácil a tanques bautismales. Teníamos planes de

alquilar dos autobuses para ir al río. Tuvimos folletos impresos

en español para desmayar en las calles. Mientras visitábamos la

iglesia, preguntamos si alguien quería ir con nosotros para pasar

el mensaje del evangelio e invitar a las personas a la iglesia. Las damas de esa iglesia estaban tan sorprendidas de que dos

mujeres trabajaran en la calle. Esta tarea usualmente solo la

hacían los hombres. Los hombres acordaron dejar que sus

mujeres salgan con nosotros y esas damas estaban encantadas.

Estaban tan emocionados que nos encontraron en el

aeropuerto el día que nos íbamos a despedir para decir que

estaban empezando un equipo ministerial de la calle. Nos

trajeron regalos y dijeron que nunca olvidarían cómo el Señor

les había abierto esta puerta. Estábamos tan emocionados el día

del servicio de bautismo. Ya vimos al Señor hacer muchas cosas

maravillosas. Teníamos dos autobuses cargados con gente. Solo

estaba de pie. Habíamos comprado comida, que las damas de la

iglesia amablemente se prepararon para un picnic más tarde esa

tarde. Vi a Dios en una perspectiva diferente de este país y fui

cambiado para siempre.

Ha habido tantas veces a lo largo de los años

que personas al azar se acercaron a mí en la iglesia y me dieron

dinero en mis manos. Siempre dicen que el Señor los dirigió a

dar. Como madre soltera hubo momentos en que estos

obsequios nos alimentaron o pusieron gasolina en nuestro

automóvil cuando yo tampoco tenía forma de hacerlo. Siempre me sorprende la capacidad de Dios para responder oraciones. Él responde los que pides y los que ni siquiera sabes pedir. He aprendido que este es un principio bíblico. "Y sucederá que si oyeres diligentemente la voz de Jehová tu Dios, para guardar y cumplir todos sus mandamientos que yo te prescribo hoy, que Jehová tu Dios te exaltará sobre todas las naciones de la tierra" Tierra: y todas estas bendiciones vendrán sobre ti, y te alcanzarán, si oyeres la voz del Señor tu Dios "(Deuteronomio 28: 1-2).

Un sábado, un nuevo hombre se presentó a la iglesia para ayudar con el ministerio de personas sin hogar. Mi compañero de habitación en ese momento, lo había conocido en un estudio bíblico a principios de esa semana, y lo había invitado a compartir el viaje con nosotros. Ella comenzó a contarle a este hombre un poco acerca de mi testimonio cuando paramos para tomar gasolina, y cuando reanudamos nuestro viaje a Atlanta, él compartió la suya con nosotros. Pensé que el hombre tenía un testimonio increíble y parecía ser muy amable. Durante nuestro servicio a personas sin hogar ese

día, supe que también era un adorador muy apasionado. En el
camino de regreso a nuestros autos, mi compañero de cuarto le
mencionó que íbamos a salir en unas horas para el ministerio de
la calle. Parecía interesado, así que lo invité a unirse a nosotros.
Estaba agradecido por la invitación y aceptó con gusto. Muchas
veces, el sábado, venía del ministerio de personas sin hogar e
iba directamente a las salas de oración en la iglesia para orar
por nuestro próximo ministerio callejero hasta la hora de irnos.
Cuando entré a la sala de oración, me preguntó si podía traerme
un poco de desayuno. Pensé que era muy lindo, pero decliné.
Unas semanas más tarde, este mismo hombre me envió un
mensaje en Facebook, luego de algunos intentos de contactar a
algunos de los miembros del grupo masculino que no habían
recibido respuesta, para preguntar cómo había ido el ministerio
callejero ese día. Resulta que era camionero y no podía estar en
la ciudad. Hablamos por mensajería, luego mensaje de texto, y
finalmente pasamos a llamadas telefónicas. Me había acordado
mentalmente que había terminado con los hombres. Estaba
feliz con el Señor y mi ministerio. No estaba buscando una
relación con nadie. Esta verdad es algo que compartí con mi

nuevo amigo al principio de nuestras conversaciones. Él era todo lo contrario. Él quería una esposa y una familia. Le deseé bendiciones con eso, y fuimos felices amigos en el ministerio. Pero, solo había una conexión que ninguno de nosotros podía sacudir. Ojalá pudiera decir que hicimos todo a la perfección, pero no lo hicimos. Una cosa que sabíamos, y que era que Dios nos había unido. Después de un cortejo muy corto, nos casamos. Sí, esposo número cuatro. Estoy agradecido de que Dios vio nuestros corazones y ha bendecido a nuestra familia, a pesar de que no seguimos todos los consejos que nos dieron, y se casó con bastante rapidez. Había escuchado la historia de la mujer en el pozo de la Biblia. Ella tenía problemas con los hombres, y muchos de ellos, pero Jesús se desvió de su camino para visitarla y salvarla, a fin de que ella pudiera ser testigo de que su pueblo podría ser salvado. "Entonces la mujer dejó su jarra de agua, y se fue a la ciudad, y dijo a los hombres: Vengan, vean a un hombre, el cual me dijo todo lo que yo hice: ¿no es éste el Cristo?" (Juan 4: 28-29). No puedo comparar con ningún personaje de la Biblia, pero una cosa que sabía, y que era esta vez era diferente. Mi esposo y yo amamos al Señor, ambos tenemos una relación con Él primero, y ninguno de nosotros mira hacia atrás. "Y si te parece mal servir al Señor, elige a este día a quién servirás; si los dioses a los cuales sirvieron sus padres que estaban del otro lado del río, o los dioses de los amorreos, en cuya tierra habitan, sino que yo y mi casa serviremos al Señor "(Josué 24:15).

Como con todas las cosas en la vida; la temporada del ministerio de calle llegó a su fin. Resulta que este fue el momento perfecto para mi hijastra que vino a vivir con nosotros unos meses después de que nos casamos. Me sentía perdido sin mi amado ministerio callejero, pero usé el tiempo libre para amar a mi nueva hija y a mi hijo menor. Traté de ser un buen ejemplo y una madre para ellos. Traté de enseñarle a ser una mujer del Señor, ya que su propia historia de conversión se estaba escribiendo en las páginas del tiempo. Cuando ambos niños se dirigían hacia la graduación de la escuela secundaria, nuestra unidad familiar estaba siendo moldeada y moldeada. Ambos jóvenes son notables. Ellos tienen tal pasión y deseo de trabajar para el Señor. Mi esposo y yo somos tan afortunados de poder apoyar sus ministerios como el Señor permite. La hija menor de mi esposo, que solo tenía poco más de un año en ese momento, también comenzó a visitarnos. No había sido mamá de un bebé en bastante tiempo. Ella es una niña preciosa que nos mantiene a todos en alerta. ¿Cómo podría alguien como yo merecer estas grandes bendiciones? Este hombre fue muy paciente y amable conmigo. Nunca había estado con un hombre que realmente fuera dueño de su papel como jefe y proveedor de la casa. Estoy muy agradecido y bendecido por mi esposo, mis hijos y mis hijas.

Durante todas mis bendiciones pude sentir una oscuridad que empezaba a arrastrarse sobre mí. Esta oscuridad era familiar, pero no la había sentido en mucho tiempo. Ese viejo enemigo mío, cuyo nombre era Depresión, estaba tratando de regresar a mi vida. ¿No es eso como el diablo? Cuando Dios está bendiciendo, busca formas de deslizarse y hacer que cuestiones quién y qué eres. Amaba y abracé las avenidas del ministerio en las que el Señor me permitía trabajar, pero, de alguna manera, me sentía incompleto. Todavía participaba en los ministerios de personas sin hogar y en la cárcel, pero no sentía que estuviera haciendo lo suficiente.

Tenía la sensación de que algo andaba mal, aunque era el más feliz que había tenido en mi vida.

Como la mayoría de los cristianos, no solicité la oración de mi familia de la iglesia. Muchas veces, escuchamos a los predicadores acercarse a los santos de Dios e implorarles que vengan al altar para renovarlos, pero nos demoramos un poco. Sabemos que necesitamos orar, pero nosotros, yo, yo y yo todavía estamos retorciéndonos en una angustia interna reacia a perder el rumbo frente a nuestros compañeros miembros de la iglesia. Ese soy yo en este punto. Necesitaba desesperadamente un respiro, pero no podía arriesgar a las personas a mi alrededor, que amaban y cuidaban mi alma, sabiendo que podría necesitar ayuda espiritual. A menudo me preguntaba si alguna vez sería capaz de volver al lugar de ministerio en oración que una vez disfruté con el Señor. Me aferré a un versículo en la Biblia que promete que no perderemos lo que el Señor nos da. "Porque los dones y el llamado de Dios no tienen arrepentimiento" (Romanos 11:29). Alrededor de este tiempo, algunos de mis queridos amigos me invitaron a unirme a un pequeño estudio sobre la oración que estaban teniendo en la iglesia. La reunión se estaba enseñando, sería el mismo anciano precioso que años antes me había animado a continuar como maestro en el ministerio carcelario. Esta mujer es una potencia para Dios y tuve el honor de escuchar todo lo que ella tenía que decir.

Comenzamos con una sesión sobre la oración enseñada por el Reverendo Mangun "Rezando el Tabernáculo" (Pentecostales de Alexandria, UPCI). Fue notable ver cómo Dios, en su infinita sabiduría, nos dio un patrón de oración allá por los días del Antiguo Testamento. Aprendí cómo tocar el trono de Dios en estas lecciones de oración. Estas fueron reuniones poderosas y perspicaces. Aprendí mucho sobre la oración y cómo llegar al Señor. Un día decidí poner en práctica lo que me estaban enseñando y encerrarme en la habitación de la oficina en casa. Me puse de rodillas decidido a no levantarme hasta que la oscura nube de depresión desapareciera de mí. No quería ser temeroso, amargado o sentirme inadecuado en mí mismo o en mi caminar con Dios nunca más. "Pero vosotros, amados, edificándose en vuestra santa fe, orando en el Espíritu Santo, guardaos en el amor de Dios, esperando la misericordia de nuestro Señor Jesucristo para vida eterna" (Judas 1: 20-21).

Nunca me había acercado a la depresión de esta manera.

Alrededor de diez o quince minutos en la oración comencé a

escuchar voces que decían que estaba siendo ridículo y que no

llegaba a ninguna parte; entonces, sabía que estaba en el

camino correcto. Mientras presionaba para orar, podía sentir

que la nube se alejaba de mí. No podía creerlo. Había aprendido

a orar e interceder no solo por los demás, sino que podía

reclamar la victoria en mi propia situación. Me sentí un millón

de libras más ligero. Las luchas y las preocupaciones que había

llevado durante los últimos meses parecían desaparecer. Sabía

que a pesar de que ya no estaba en la época de evangelismo

callejero en mi vida, el Señor me había abierto diferentes

puertas.

Milagrosamente, durante estas reuniones de

oración, también recibí una palabra del Señor con respecto a mi

futuro inmediato. Mi esposo y yo a menudo hablamos de viajar

juntos y de hacer ministerio mientras conduce su camión en

todo el país. A medida que nuestros dos hijos del medio se

acercaban a la graduación y se iban a la universidad, ese sueño comenzó a tomar forma. Mi esposo dejó su puesto actual para abrir su propia empresa de transporte y perseguir sus objetivos comerciales. Estaba en el mejor lugar de mi carrera que había estado en mi vida. Estaba ganando más dinero de lo que había ganado. Recientemente me promocionaron y lo estaba haciendo excepcionalmente bien en mi nuevo puesto. Pero Dios, sabiendo lo que estaba por venir, pareció poner los mensajes de actuar para el Señor, respondiendo Su llamado, y completando la confianza en Su plan en los corazones de tantos sermones que escuchamos en este preciso momento. Oramos y ayunamos, y ojalá pudiera decir que actuamos sin miedo, pero eso no sería cierto, dejé mi trabajo para trabajar a tiempo completo en nuestro nuevo negocio familiar. "Y él les dijo a todos, si alguno quiere venir en pos de mí, que se niegue a sí mismo, tome su cruz cada día, y sígame. Porque el que quiera salvar su vida, la perderá; pero cualquiera que pierda su vida por causa mía, la salvará. Porque, ¿qué ventaja tiene el hombre si gana todo el mundo y se pierde a sí mismo o es desechado? "(Lucas 9: 23-25). Pasé muchos años como madre soltera y luchadora. Yo también, con la ayuda del Señor, trabajé un trabajo la mayor parte de mi vida adulta. La idea de alejarse de

mi carrera profesional y confiar completamente en mi esposo

para que cuidara de mí y de nuestros hijos fue más que

aterradora. Estaba en mi cuarto matrimonio y el enemigo

estaba tratando de decirme que estaba poniendo demasiada

confianza en esta relación. "Encomienda tus caminos al Señor;

confía también en él; y él lo hará pasar "(Salmos 37: 5). Pero,

sabía que mi confianza no estaba en una relación; fue en el Dios

que nos llamaba a un lugar más profundo. "En cuanto a Dios, su

camino es perfecto; la palabra del Señor es probada: él es un

escudo para todos los que confían en él "(2 Samuel 22:31).

Realmente creo que el Señor nos dio una

palabra y un llamamiento y quiero más que nada confiar en Él

con mi vida. Para todo nuestro matrimonio hasta este

momento, mi esposo había pasado la mayor parte del tiempo

en la carretera conmigo y los niños en casa. Para nosotros pasar

de esa vida, a ver y vivir el uno con el otro todos los días en la

cabina de una camioneta, realmente tomamos la ayuda del

Señor. Nos llevó mucho tiempo superarnos a nosotros mismos.

No había ningún lugar para huir el uno del otro. Decir que

tuvimos que confiar e invocar al Señor en los primeros meses fue un eufemismo. Ambos cuestionamos la decisión innumerables veces y deseamos darnos por vencidos con frecuencia.

A las pocas semanas de nuestra aventura, realmente estaba sintiendo que todo había sido un error. Mi esposo se sentía de la misma manera incluso si no lo expresaba verbalmente. Alrededor de las tres de la madrugada nos detuvimos en una parada de camiones en el medio de la nada. Mientras estaba de pie en el mostrador, con nuestro café, esperando a que mi esposo terminara de alimentar al empleado, notó el nombre de nuestra empresa. Apostólico, ella comentó, y comenzó a sentirse visiblemente conmocionada. Le dije que éramos Apostólicos y que viajaba con mi esposo por el camino. Ella comenzó a contarme cómo había crecido en la iglesia, pero se había ido hace años. Ella habló sobre cómo sus hijos adolescentes le estaban haciendo pasar un momento tan difícil y estaban tomando todas las decisiones equivocadas en la vida. Ella correlacionó directamente su mal comportamiento con su decisión de abandonar la iglesia. Empecé a transmitirle algunos de mis testimonios, y cuando llegó mi esposo, le

preguntamos si podíamos orar con ella. Justo allí, en la parada

del camión, en las primeras horas de la mañana sintió la

presencia de Dios por primera vez en mucho tiempo. La

alentamos a que encuentre una congregación local para sacar

fuerzas y volver a su Biblia. Ese sería el primero de muchos

encuentros que seguirían en los próximos meses. He escuchado

a muchos predicadores a través de los años enseñar en el

llamado de Dios. Él llamará, y entonces las circunstancias

parecerán imposibles, y entonces Él comenzará a trabajar en

una forma que no hubieras podido. Aceptar la llamada fue más

fácil que esperar el cumplimiento. Dios nos habló sobre un

ministerio específico y único. Hay más de tres millones de

camioneros en los EE. UU. Si pudiéramos llegar a diez personas

por día con el mensaje del evangelio, llevaría años alcanzarlos a

todos. Estos hombres y mujeres, en su mayoría, pasan su

tiempo en el camino y lejos de casa. Pasan aún más tiempo

solos en sus vehículos con breves interacciones durante las

paradas. Es una población siempre en movimiento Solíamos

decir en el ministerio de la calle que tendríamos que volver a visitar algunas comunidades cada seis meses más o menos porque sus residentes eran tan fluidos. Pero no hay comparación con la vida de un camionero. También estoy aprendiendo que más allá del camión hay tantas otras entidades asociadas con la profesión, que hay incontables almas más que se pueden ver. No teníamos idea de cómo podría verse este ministerio, cómo funcionaría o qué hacer primero. Y, sinceramente, después de un poco más de un año en el camino, seguimos confiando en que Dios nos guiará hacia donde quiere que vayamos. También teníamos que, antes que nada, trabajar y hacer crecer el negocio mientras viajábamos. Desearía poder informar que innumerables almas han sido llevadas al arrepentimiento y salvadas debido a nuestros esfuerzos, pero lamentablemente, como sucede con muchos ministerios iniciales, sabemos que estas cosas toman tiempo.

Hemos hecho algunas conexiones increíbles con personas en todo el país y en Canadá durante el año pasado. Hemos tenido la oportunidad de presenciar, orar y alentar a las personas de costa a costa. Entendemos que en este ministerio no podemos ver los frutos de nuestro trabajo. "Así que, ni el que planta nada, ni el que bebe; pero Dios que da el aumento.

El que planta y el que la limpia, uno es; y cada uno recibirá su

recompensa según su trabajo. Porque somos colaboradores con

Dios: vosotros sois criados de Dios, sois construcciones de Dios.

De acuerdo con la gracia de Dios que me es dada, como sabio

maestro de obras, puse el fundamento, y otro edifica sobre el

mismo. Pero cada uno preste atención cómo construye sobre

eso. "(1 Corintios 3: 7-10). En una ocasión nos alojamos en un

hotel durante una escala. Fue durante el día cuando llegamos, y

noté que la piscina estaba vacía, así que aproveché la

oportunidad para nadar mientras mi esposo descansaba en la

habitación. Solo estuve allí unos diez o quince minutos cuando

una señora de mi edad vino a la piscina. Por su apariencia y mi

historial anterior, podía decir que ella en algún momento de su

vida tenía problemas con las drogas. Parecía haber vivido una

vida muy dura. Le hablé y ella saludó y se preparó para saltar.

Estaba haciendo una pequeña charla, sin pensar realmente que

este podría ser un momento de Dios. Usualmente, cuando

ocurren, realmente no los estamos esperando. Sin embargo, la

forma en que vivimos nuestras vidas nos prepara para tales

encuentros. "Y que murió por todos, para que los que viven ya no vivan para sí mismos, sino para aquel que murió por ellos, y resucitó" (2 Corintios 5:15). Ella vino directamente hacia mí. La mujer no tenía ningún concepto de espacio personal, y de inmediato comenzó a transmitir los trágicos acontecimientos de la historia de su vida. Ella declaró repetidamente que no sabía por qué me estaba contando todo esto. Pude sentir el Espíritu elevándose dentro de mí y comencé a compartir mi testimonio con ella. Le dije sobre el poder salvador y restaurador de Jesús. Hablamos durante unos treinta minutos más o menos como si fuéramos las únicas personas en el mundo. No había concepto de tiempo o dónde estábamos. Pronto su novio se unió a ella, y ella siguió y siguió contándole lo similares que eran nuestras historias y lo bueno que es Dios. Fui a buscar a mi marido, y la pareja nos permitió rezar con ellos allí al lado de la piscina. Todos sentimos la presencia del Señor.

Ese invierno, mientras conducíamos a través de una tormenta de hielo, apenas pudimos ver la parte delantera del camión, un hombre llamó a mi esposo por la radio CB, "Hola Apostólico". Nuestro camión tiene el nombre de nuestra empresa y una imagen de nuestro tracto testigo favorito, el folleto ACTS 2:38, en el costado del camión. Hemos recibido varios comentarios al respecto en nuestros viajes. Algunos sienten curiosidad por el significado del nombre Apostólico, mientras que a otros se les recuerda las decisiones difíciles que han tomado en sus propias vidas para alejarse de la fe. Mi esposo responde y comienza una conversación con el hombre. Dijo que solo ver el nombre en el costado del camión le recordaba que había crecido en una iglesia apostólica. El hombre hace tiempo que se había alejado de la verdad, pero sus hijas estaban involucradas activamente en la iglesia. Allí, a través del micrófono, mi esposo animó y oró por este hombre apóstata, que dijo que sabía que era Dios quien había diseñado el cruce de nuestros caminos ese día.

También ha habido fallas y curvas de aprendizaje. Una noche nos detuvimos en una parada de camiones y falle miserablemente. Cuando salí del baño y me pregunté por la tienda que estaba esperando a mi esposo, oí que un empleado se quejaba con su compañero de trabajo. Ella hablaba sobre lo miserable que era el trabajo y lo mal que iba su vida. Inmediatamente, sentí una inspiración del Señor para acercarme a la mujer y preguntarle si podía orar por ella. Comencé a caminar hacia ella y me golpearon de inmediato con miedo y dudas. Me pareció tan extraño después de haber pasado tanto tiempo en el ministerio callejero y en otras avenidas del ministerio, sentirme tan petrificado. Había caminado hasta extraños en muchas ocasiones y había compartido el evangelio. ¿Por qué estaba pasando esto? Continué caminando hacia la dama, pero me detuve casi sin alcanzarla fingiendo buscar algo en el estante. El Espíritu Santo dentro de mí gritaba por la acción, mientras que cada fibra de mi carne me decía que no podía hacerlo. Mi esposo salió del baño y lo seguí hasta el camión sin decir una palabra a la mujer. Me sentí desgraciado. Sabía que, si le decía lo que sentía, se daría la vuelta y se aseguraría de que volviéramos a rezar por la dama, así que no le dije nada. En la oscuridad del camión lloré lágrimas amargas y le supliqué al Señor que enviara a alguien más capaz a la mujer. Qué terrorífico es pensar que el momento de Dios de alguien fue puesto en sus manos y usted dejó caer la pelota. Yo era un desastre miserable después de eso. Por supuesto, cada gramo de autoestima y creencia en mi llamado a Dios fue sacudido. Empecé a cuestionar todo lo que creía haber escuchado del Señor sobre el hecho de estar en el camión. Todo lo que podía hacer era arrepentirme y pedirle a Dios que me fortaleciera y me ayudara a vencer el miedo. Cada vez que siento la necesidad de hablar con alguien, recuerdo esta situación y la agonía de la derrota. "Si tú, Señor, debes marcar las iniquidades, oh Señor, ¿quién resistirá? Pero hay perdón en ti, para que seas temido "(Salmos 130: 3-4).

A través de la página de Facebook de nuestro ministerio, tratamos de mantener un registro de las victorias más notables para el Señor y las iglesias que visitamos para alentar a otros conductores. Continuamos orando a menudo para que el Señor nos muestre cómo nos haría llegar a la comunidad de conductores de camiones, sin dejar de ser una bendición para nuestra familia, amigos y la iglesia local. No sé por qué nos eligió, pero sé que puedo confiar en él y seguir el liderazgo y la inspiración de su Espíritu a medida que continuamos nuestro camino único en esta temporada específica.

Justo cuando todo parecía estar perfecto en mi vida, la tragedia golpeó. Pasé años todos los martes por la noche cuidando a mi abuela. Mi mamá, mis tías y yo nos turnamos para cuidarla. Sentado en silla de ruedas y disminuyendo lentamente su salud, se volvió cada vez menos capaz de ocuparse de sus necesidades cotidianas por sí misma. Pasé varios años, mientras estaba soltera, ocupándome de ella la mayor parte del tiempo, pero como mujer recién casada tuve que centrar mi atención en mi hogar. Amaba a mi abuelita y todavía traté de pasar el mayor tiempo posible con ella. Esos martes por la noche fueron tan maravillosos. Muchas veces, mis hijos y mi hijastra, y más tarde mi nuera y mis nietos, se unieron a nosotros; Hicimos la cena de la familia del martes por la noche. Cocinaríamos, comeríamos y reiríamos con mi abuela hasta la hora de acostarse. Cuando mi esposo se encontraba en su casa los martes por la noche, se unía a nosotros en la noche familiar de nuestra abuela. La decisión de ir a trabajar con mi esposo fue mucho más difícil debido a que tuve que suspender mis visitas de martes por la noche. Sabía que aún vería a mi abuela tanto como fuera posible cuando estuviera en casa, pero no sería lo mismo. Resulta que, como siempre lo hace, Dios me

estaba cuidando. Lo que sucedió en los próximos meses no

hubiera sido soportable sin la distancia física que el Señor había

permitido entre mi abuela y yo. La echaba de menos, ya que ella

me echaba de menos, y casi me fui de la carretera un par de

veces cuando me sentía culpable por no estar cerca.

Un miércoles por la noche, mientras rezaba en

el altar al cierre del servicio, un estimado amigo mío se acercó y

me habló. Ella no tenía manera de saber por lo que estaba

pasando. Aquel día, había hablado con mi marido sobre la

abuela. Ella había estado enferma, y mi familia realmente

podría haber usado mi ayuda para cuidarla. Dijo que apoyaría

cualquier decisión que sintiera que necesitaba hacer. Esta

querida hermana me dijo que tenía que seguir el llamado de

Dios en mi vida y no preocuparme por la abuela. Él se ocuparía

de ella y yo no iba a perder el foco. Dios es increíble. "Porque

Dios no nos ha dado el espíritu de temor; sino de poder, y de

amor, y de una mente sana "(2 Timoteo 1: 7). Con esa palabra

volví a los camiones y confié en Dios para cuidar de mi dulce

abuelita.

Ella era la matriarca de nuestra familia y el pegamento que nos unía a todos. Una tarde, mientras tomaba té con mi abuela, quedarías atrapado en la vida de cada miembro de la familia. Estaba en el camino cuando escuché que estaba en el hospital. Dije oraciones y les dije a todos que estaría en casa el viernes para hacerle una visita. Ella era todo sonrisas cuando entré en la habitación. Recogimos, como siempre lo hicimos, como si no hubiéramos pasado un día separados. Ella tenía dificultad para respirar, pero en general parecía estar de buen ánimo. Hablamos durante mucho tiempo sobre su traslado a un centro de rehabilitación para una recuperación posterior. Acabo de elogiar a Dios porque iba a las mismas instalaciones que el ministerio de asilos de ancianos de nuestra iglesia visitaba todos los sábados. Después de una buena y larga visita, me fui para dejarla descansar, y prometí verla en el centro al día siguiente para el servicio. Cuando llegamos, fui directamente a su habitación, pero ella había soportado una larga noche y todavía estaba luchando por respirar, por lo que no pudo hacer el servicio. Mi maravillosa familia de la iglesia, después de que su servicio terminó, todos se dirigieron a la habitación de la abuela, y ella tenía su propio servicio personal. Cantamos todos sus himnos favoritos, oramos y hablamos palabras de amor y aliento para ella. Podrías sentir la dulce presencia de Dios en esa habitación. "Regocijaos en el Señor siempre; y otra vez, digo: regocijaos". Deja que tu moderación sea conocida por todos los hombres. El Señor está cerca. Ten cuidado por nada; pero en todo, mediante la oración y la súplica con acción de gracias, su solicitud sea dada a conocer a Dios. Y la paz de Dios, que sobrepasa todo entendimiento, guardará vuestros corazones y vuestros pensamientos en Cristo Jesús "(Filipenses 4: 4-7). Estoy muy agradecido por todos los que se tomaron su tiempo para tener ese momento especial con ella. Me despedí y le hice saber que visitaría después de la iglesia al día siguiente. Si hubiera sabido que esa sería mi última conversación con ella, me pregunto qué hubiera, dicho de otra manera.

Mi primo vino a sentarse con ella por el resto de la tarde y llamó poco tiempo después para decir que su respiración había empeorado y que la ingresaban de nuevo en el hospital. Cuando llegamos ya la habían incubado y nos informaron que deberíamos llamar a la familia. No podía

creerlo. Sentí como si estuviera teniendo una experiencia fuera

del cuerpo. Estuve allí, pero tan emocionado que simplemente

me volví insensible. Estábamos todos plagados de dolor. Hubo

varios que se quedaron desde ese día hasta el final, incluido yo

mismo, fue una vigilia de la que no nos pudieron alejar. Los

niños llegaron a casa después de la universidad para estar allí

mientras la sacaban de soporte vital y nos enviaron a un

hospicio para esperar que llegara el final. Mi adorable hija tomó

mi teléfono y atendió llamadas que no pude atender de

familiares, amigos y miembros de la iglesia preocupados. El

personal fue muy paciente y amable con nosotros, los

miembros de la familia entraban y salían y la vigilan

constantemente. Yo estaba allí a su lado, mientras los exhaustos

miembros de mi familia dormían alrededor de la cama, rezando

para que Dios le diera descanso a su alma y ella tuviera paz. Era

tan difícil verla allí tumbada y sufrir. Vi como el aliento de vida

abandonó su cuerpo. Agradecí a Dios por Su misericordia y por

todos los años que Él me permitió tener a esta maravillosa

dama en mi vida. Informé a la enfermera y desperté a mi familia con las noticias. Mi esposo fue una roca para todos nosotros.

Estaba tan atento a las necesidades de todos y estoy muy

agradecido por él. Durante nuestros días en el hospicio pudimos

difundir la comodidad y la paz de Dios con los familiares de luto

en busca de esperanza. Se sentaron y escucharon mientras

cantamos, alabamos al Señor y le leímos la Biblia a mi abuela.

Hicieron preguntas y buscaron consuelo en el Señor. "No los

dejaré sin consuelo: iré a ustedes" (Juan 14:18). Dios es tan

bueno para extender su mano a los necesitados. Acostar a mi

abuelita fue una de las cosas más difíciles que he encontrado.

Fue una tragedia para todos nosotros. Casi un año después, aun

así, sigo queriendo llamarla o destrozar un recuerdo o un lugar

que compartí con ella.

7 LA VIDA BENDECIDA

"Teniendo, pues, estas promesas, amados, limpiémonos de toda inmundicia de carne y de espíritu, perfeccionando la santidad en el temor de Dios" (II Corintios 7: 1)

¿Qué podría decir que un antiguo drogadicto que ha tenido múltiples matrimonios y que siempre está luchando contra la autoestima tenga que decir que el mundo estaría interesado en escuchar? Esta es la pregunta que me ha atormentado durante años y ha obstaculizado mi capacidad para escribir cada palabra que ha leído hasta ahora. Por supuesto, conozco a tantos otros que han vivido para el Señor más tiempo que yo, y hay quienes lo han conocido en un nivel que quizás nunca alcanzaré, y lamentablemente hay muchos que sobrevivieron a una infancia mucho peor que la mía, pero que no hace a Dios menos real para mí. "Pero tenemos este tesoro en vasos de barro, para que la excelencia del poder sea de Dios, y no de nosotros" (2 Corintios 4: 7).

Siempre me gusta escuchar el testimonio de aquellos que crecieron en la iglesia. Creo que la suya es una de las mejores historias que se cuentan. Qué vida tan increíble haber crecido en la gracia. Siempre en la presencia del Señor Cada persona en algún momento tendrá su propio encuentro personal con Dios. Hay ese momento en que Él se vuelve real y personal para ti.

Dios no tiene nietos, y espera que todos nosotros lo busquemos por nosotros mismos. Pero, escuchar el testimonio de quienes están con él de generación en generación me alienta. Sé que las decisiones que tomó hoy podrían algún día llevar a una generación futura, desde mi línea de sangre, de pie para contar una historia milenaria de confiar y vivir para el Señor. La esperanza en eso es solo una razón más para marchar. "Ahora el Dios de la esperanza los llenará de gozo y paz en la fe, para que abunden en esperanza, por el poder del Espíritu Santo. Y yo mismo también estoy persuadido de ustedes, mis hermanos, de que también ustedes están llenos de bondad, llenos de todo conocimiento, capaces también de amonestarse unos a otros "(Romanos 15: 13-14).

Entonces, ¿por qué es lo que tengo que decir de alguna importancia? No lo es Solo soy uno de los millones que han llegado a conocer al Señor. La verdad e importancia de cualquier testimonio no está en la persona, o en la vida de la persona que la dice, sino en el Señor, quien la ha proporcionado. Un testimonio es algo que Dios nos da a todos como una herramienta para llegar a las personas y conducirlas a él. Todos son únicos e incapaces de oponerse. Las personas pueden debatir, separar y torcer la Biblia, pero no pueden negar lo que Dios ha hecho por ustedes. Su historia le ha sucedido y es incuestionable para quienes la escuchan. No pueden descontar cómo se sintió o qué experimentó. Pueden elegir aceptarlo y creerlo o no, pero lo que sentimos y atravesamos en esta vida nos pertenece.

Yo no soy un estudioso de la Biblia. Sé lo que leo, lo que me han enseñado y una verdad que va más allá de eso. Sé lo que he sentido a través del Espíritu Santo que vive dentro de mí. He visto a Dios literalmente confirmar dudas, responder preguntas y alentar a mi alma afligida, simplemente leyendo Su palabra. Sé que Él me salvó de mí mismo. Cuando no pude encontrar ninguna esperanza en este mundo, y no tenía fuerzas internas para continuar poniendo un pie delante del otro, Él me dio esperanza para seguir adelante. Si todo es mentira y no hay Cielo ni Infierno; No he renunciado ni perdido una cosa viviendo mi vida como lo hago por el Señor. "Si en esta vida solo tenemos esperanza en Cristo, somos de todos los hombres más miserables". Pero ahora Cristo ha resucitado de entre los muertos y se ha convertido en los primeros frutos de los que durmieron. Porque desde el hombre llegó la muerte, por el hombre también vino la resurrección de los muertos. Porque, así como en Adán todos mueren, así también en Cristo todos serán vivificados "(1 Corintios 15: 19-22). He sido feliz, bendecido, consolado y levantado muy por encima de cualquier circunstancia que la vida arroje en mi camino. ¡Mi vida ha sido alterada! Pero, si es verdad y el Cielo es real, estoy tan agradecido de que Él me haya guiado a un lugar donde he sido salvo de la única manera que la Biblia nos dice que seamos y un día lo llamaremos mi hogar. "Porque buscó una ciudad que tenga fundamentos, cuyo arquitecto y constructor sea Dios" (Hebreos 11:10).

Para un cristiano, pocas cosas son menos satisfactorias que ver a alguien más darse cuenta de que Dios es real y realmente se preocupa por ellos. He visto tantos ojos iluminarse con esa revelación a lo largo de los años. Es como un interruptor que se enciende y de repente creen. Una vez que salimos con el equipo del ministerio de la calle estábamos repartiendo comida en un complejo de apartamentos, como solíamos hacer, y tuvimos la oportunidad de entrar en la casa de una joven. Cuando llamamos a la puerta y le dijimos la razón por la que estábamos allí; porque Jesús la amaba, y teníamos la bendición de unas pocas bolsas de comida si podía usarla. Inmediatamente comenzó a llorar y nos invitó a entrar. Nos mostró sus armarios y la nevera que estaban desnudos. No podía pagar la comida y tenía hijos en el hogar que no sabía cómo iba a alimentar. Todos compartimos un testimonio personal con ella sobre el trabajo redentor de Dios en nuestras propias vidas, y se podía ver una reacción física ante las buenas nuevas en sus ojos. Ella no era religiosa, aunque creía en Dios, pero nunca lo consideró real o relevante para su vida. "Dios nos bendecirá; y le temerán todos los términos de la tierra" (Salmos 67: 7). Pero, ese día Él vino a la puerta de su casa. No sé si la mujer comenzó a vivir para el

Señor, o si volvió a su vida después de ese día, pero en ese momento, ella sabía que él era un Dios real que la amaba. Somos llamados a ser testigos, pero no siempre vemos los frutos de nuestras labores. "Por lo tanto, ninguno se gloríe en los hombres". Porque todas las cosas son tuyas; si Pablo, o Apolos, o Cefas, o el mundo, o la vida, o la muerte, o cosas presentes, o cosas venideras; todos son tuyos; y vosotros sois de Cristo; y Cristo es de Dios "(1 Corintios 3: 21-23). Hay tantas historias como esta que podría retransmitir. Dios nos ha salvado y nos ha enviado, como cristianos, al mundo con un testimonio y una hoja de ruta; cuál es su Palabra para ayudar a guiar a otros a él. "En el principio era la Palabra, y la Palabra estaba con Dios, y la Palabra era Dios. Lo mismo estaba en el principio con Dios. Todas las cosas fueron hechas por él; y sin él no se hizo nada de lo que se hizo. En él estaba la vida; y la vida era la luz de los hombres "(Juan 1: 1-4). Ese es nuestro propósito. Mi vida no se trata de mí o de lo que tuve que soportar, sino de los que he conocido y que aún no he conocido. "Y les dijo: Id por todo el mundo, y predicad el evangelio a toda criatura" (Marcos 16:15).

También aprendí a través de los años que el ministerio sucede de muchas maneras. Propongo los siguientes puntos no para jactarme, sino para alentar un sentido más profundo de participación y un deseo de pensar de manera innovadora para todos aquellos que están leyendo este libro. "Que el amor fraternal continúe. No te olvides de entretener a los extraños: por eso algunos han entretenido a los ángeles por sorpresa "(Hebreos 13: 1-2). Mi esposo y yo amamos entretener en nuestra casa. Invitamos a nuestros amigos, por supuesto, pero también siempre buscamos gente marginal para invitar. Buscamos a propósito a aquellos que no están asociados con grupos en nuestra iglesia y los hacemos sentir bienvenidos y amados. Estas personas se vuelven rápidamente parte de nuestra familia una y otra vez. Nos sentimos honrados de servir en el ministerio en nuestra congregación local en una variedad de áreas. Intentamos, como lo permite nuestro calendario, ponernos a disposición para ayudar en cualquier área que sea necesaria. Recientemente también nos hemos comprometido con la oración previa al servicio. No podemos estar en todos los servicios, pero cuando estamos allí tratamos de llegar temprano a la iglesia y dedicar un tiempo a la oración por el servicio, a los santos y a los perdidos que estarán en la casa de Dios ese día.

Cada ministerio en la iglesia no se realiza en la plataforma o en un grupo especializado. Todos somos llamados al ministerio si hemos sido salvados. Organizar cenas en su casa, incluso si es como la nuestra; no es el mejor ni el más grande, y asegurarse de incluir a alguien fuera de su círculo interno es un ministerio. Mi esposo es un dador generoso. "Da, y se te dará; buena medida, apretados, y sacudidos juntos, y atropellando, los hombres te darán en tu seno. Porque con la misma medida que habéis medido con él, se te volverá a medir "(Lucas 6:38). Los dos siempre buscamos formas de bendecir a otros dentro y fuera de la iglesia. Si sabemos que los miembros de nuestra iglesia tienen negocios locales, tratamos de comprar y apoyarlos. Ahora que tenemos dos hijos en la universidad bíblica tratamos de siempre incluir, alentar y bendecir a sus amigos cada vez que visitamos sus respectivas escuelas. Ser un verdadero amigo, un oyente atento y un valioso miembro de la iglesia también son maneras de ministrar. "Llevaos las cargas los unos a los otros, y así cumplir la ley de Cristo" (Gálatas 6: 2). Muchas veces, nosotros, como personas religiosas, creemos que solo hay un tipo o lugar de ministerio. Pero, vivir una vida dedicada y separada a Cristo, y seguir Sus instrucciones y llamamientos son todos apartados del ministerio. Él nos ha dado a todos de manera única y, por lo tanto, tiene un llamado único específicamente para nosotros. "Y sucederá que, si oyeres diligentemente la voz de Jehová su Dios, para guardar y cumplir todos sus mandamientos que yo te mando hoy, que Jehová tu Dios te exaltará sobre todas las naciones en tierra; y todas estas bendiciones vendrán sobre ti, y te alcanzarán, si oyeres la voz del Señor tu Dios. Bendito serás tú en la ciudad, y bendito tú en el campo. Bienaventurado el fruto de tu cuerpo, y el fruto de tu tierra, y el fruto de tu bestia, el fruto de tus vacas, y el ganado de tus ovejas. Bendito será tu canasta y tu tienda. Bendito serás cuando entres, y bendito serás cuando salgas. Jehová hará que tus enemigos que se levantan contra ti sean heridos delante de ti; saldrán contra ti en un camino y huirán delante de ti por siete caminos. El Señor mandará la bendición sobre ti en tus depósitos, y en todo lo que pongas a tu mano; y él te bendecirá en la tierra que Jehová tu Dios te da a ti "(Deuteronomio 28: 1-8). ¡Qué promesa de bendición ha dado el Señor a su pueblo!

No sé si alguna vez conquistaré por completo la batalla del bulto o pensaré que soy lo suficientemente bueno. ¿Siempre lucharé con mi pasado? No puedo recuperar tres matrimonios fallidos o las cosas que les hice a mis hijos. No sé cómo se verá nuestro ministerio en un año o diez. ¿Veremos una reactivación de los conductores de camiones en todo el país? ¿Mi esposo y yo veremos almas llenas de Su Espíritu y bautizadas en Su nombre a través de nuestros esfuerzos? ¿Haremos suficiente dinero para seguir bendiciendo a nuestros hijos por generaciones y apoyar el trabajo de la iglesia en este mundo? No lo sé, y no puedo preocuparme por las respuestas a esas y tantas otras preguntas. "En la multitud de palabras no hay pecado, pero el que refrena sus labios es sabio". La lengua de los justos es como una elección de plata: el corazón de los malvados es poco valioso. Los labios de los justos alimentan a muchos; pero los necios mueren por falta de sabiduría. La bendición del Señor enriquece, y no le causa dolor" (Proverbios 10: 19-22).

Todo lo que puedo hacer es confiarle a Dios la vida que me ha dado, y despertarme todos los días con la intención y el deseo de servirlo y seguirlo. Elijo vivir mi vida a propósito para el Rey de Reyes y el Señor de los Lores a pesar de quién o qué soy. Él me salvó por un propósito, Su paz verdaderamente sobrepasa nuestra capacidad humana de entender, Él es verdaderamente un Dios asombroso, y Jesús es Su nombre. "Y hacer ver a todos lo que es la comunión del misterio, que desde el principio del mundo se ha escondido en Dios, quien creó todas las cosas por medio de Jesucristo: a fin de que ahora a los principados y potestades en los lugares celestiales ser conocido por la iglesia de la sabiduría de Dios, de acuerdo con el propósito eterno que se propuso en Cristo Jesús nuestro Señor: en quien tenemos confianza y acceso con confianza por la fe de él. Por tanto, deseo que no te desmayes ante mis tribulaciones por ti, que es tu gloria. Por esta causa doblo mis rodillas ante el Padre de nuestro Señor Jesucristo, de quien toda la familia de los cielos y la tierra es nombrada, para que te conceda, de acuerdo con las riquezas de su gloria, ser fortalecido con poder en su Espíritu en el hombre interior; para que Cristo more en sus corazones por fe; para que, siendo enraizado y cimentado en amor, pueda comprender con todos los santos cuál es la anchura, la longitud, la profundidad y la altura; y conocer el amor de Cristo, que sobrepasa el conocimiento, para que seáis llenos de toda la plenitud de Dios. Ahora a aquel que es capaz de hacer mucho más que todo lo que pedimos o pensamos, según el poder que obra en nosotros, sea la gloria en la iglesia por medio de Cristo Jesús por todas las edades, un mundo sin fin, Amén ". (Efesios 3: 9-21).

Sobre el Autor

Crystal Jones está felizmente casado y vive la vida de una esposa de camioneros en el camino con su esposo. Tienen cuatro hijos, una nuera y dos nietos. Ella ha sido miembro habitual de su UPCI local, Iglesia Pentecostal Apostólica, durante los últimos ocho años.

Esta es su primera aventura en escribir. Ella reza para que, al contar su historia, los lectores comprendan más acerca de su historia y tal vez comprendan mejor cómo se puede usar su historia para difundir el evangelio.

La siguiente es una de sus porciones favoritas de las Escrituras.

"Buscad a Jehová mientras puede ser hallado; llamadle mientras está cerca; deje el impío su camino, y el hombre injusto sus pensamientos; y que se vuelva al Señor, y tenga misericordia de él; y a nuestro Dios, porque él perdonará en abundancia. Porque mis pensamientos no son tus pensamientos, ni tus caminos son mis caminos, dice el Señor. Porque como los cielos son más altos que la tierra, así mis caminos son más altos que tus caminos, y mis pensamientos

más que tus pensamientos. Porque como desciende la lluvia, y

la nieve del cielo, y no vuelve allá, sino que bebe la tierra, y

produce y echa, y dará descendencia al que siembra, y pan al

que come, así lo hará mi palabra. el que sale de mi boca, no

volverá a mí vacío, sino que hará lo que yo quiero, y prosperará

en lo que le envié "(Isaías 55: 6-11).

www.ingramcontent.com/pod-product-compliance
Lightning Source LLC
Chambersburg PA
CBHW061741020426
42331CB00006B/1320